下瀬直子
Naoko Shimose

宝塚の美

そこから生まれる韓流の美

青弓社

●宝塚の美——そこから生まれる韓流の美

目次

第3章

韓流の美

第4章

再び宝塚の美へ

装丁――和田悠里［スタジオ・ポット］

まえがき

本書を手に取ってくださったみなさま。

宝塚の美と韓流の美について論じようとしていた筆者の目に運命のように飛び込んできたのが、次の文章でした。

「美は、このようにして、人間の希望である」（今道友信『美について』〔講談社現代新書〕、講談社、一九七三年）

今道友信氏のこの著書にはさまざまな美についてわかりやすく論じられていて、光明ともいえる言葉がちりばめられています。

さらに、氏の言葉はこう続いています。

芸術とは、人間が積極的に関与する文化現象であるから、芸術を通して美を考えることは人間の自己理解や自己反省という哲学の本格的な歩みに一致するからである。（略）そして人類の記憶がすべて消え去るときが来ても、記憶に乗っていた美しさというものは消えずにあるのではないか。（略）ひとの顔の美しさと、ひとのスタイルの美しさ、ひとの心の美しさはそれぞれ違うということである。（同著）

表現は哲学的ですが、美の奥深さについてたたえる言葉がここに凝縮されていると思います。筆者は美に関する書籍のすべてに心引かれますが、ここでこの著書を紹介するのは、ほんの一部を取り上げるだけでも、その言葉の一言一句に納得させられるからです。この著書のすべてにわたって理解することは難しいのですが、哲学的な思索から生まれたその一字一句は、まさに筆者の心に響くものでした。

特に、

美は、精神的な価値として、道徳の至上理念である善よりも高いものであると言わなければならない。（略）美は宗教でいう聖であり、それと等しい高さの理念である。すなわち、美は道徳上の理想的な徳である善よりも上位にあって、宗教上の理想的な徳として存在する最高理念である。（同著）

という言葉に大いに心引かれています。

そして、次の詩の後半部分にも筆者の思いがこもっています。

星月夜にひろがる
はかない雲のように
消え去った音楽の
かなしい思い出のように

おお、美の精霊よ
おまえは
どこへ行ってしまったのか?
なぜ、おまえは去り
この世の姿を
涙の谷のままに残していったのか?

まだ少年だったころ
ぼくは精霊をさがしもとめた
しずまりかえった
部屋で、洞窟で、廃墟《はいきょ》で
星あかりの森を歩きながら
うつくしい物語を聴きたいと
願ったものだった……

●パーシ・ビッシュ・シェリー「美に捧げる」（一八一六年）、小沢章友編訳『読まずに死ねない世界の名詩50編』（じっぴコンパクト新書）、実業之日本社、二〇一七年

はじめに

もうかれこれ三十数年前に、初めての単行本『たからづか私の思い出』を宝塚歌劇団編集部の先輩たちのご助力で出版しました。早いもので、本書が十冊目の宝塚本になります。当然、この年数の分だけ自分も年齢を重ねてきているわけで、気がつけば、なんと六十年近くもの年月を宝塚とともに過ごしてきています。

「すごい」、その数字に、タメ息まじりではあってもちょっとうれしささえ感じています。「なんと独りよがりな」と言われても仕方ありませんが、十冊まで付き合ってくださっている読者のみなさまにあらためて感謝します。

一冊一冊と出版するごとに、うれしいという気持ちとともに、より反省することも多くなってきました。そして、フリーライターとしてずっと関わっていけるテーマに出合えたことに感謝しながらここまでたどりつきましたが、どの本も内容はいまふうの宝塚本とは違って多くのページを昔の宝塚にさいているので、若い読者には興味をもってもらえないのではないかと危惧しています。

ともあれ、現在の宝塚に関する書籍や漫画が多いなかで、宝塚創立百四年（二〇一八年現在）となった「いま」こそ、その長い歴史についてふれることや考えることを大事にしたい、という思いで本書をつづっていきます。ある程度の年数を重ねてきた人間にしか書けないこともあるからです。

一九六〇年代から七〇年代の宝塚については、仕事として関わった期間も含め、いまとは比べものにならないほどの数の舞台をみていました。人生を決めた宝塚との出合いこそが自分の生きてきた「証し」そのものであり、同時に、宝塚以外にそんなものはありえないというのがこれまでの思いでした。ところが、一つだけ近しい美を見つけたことが、本書に取り組んだきっかけでもあります。

十冊目の本書で、宝塚に関しての長い執筆期間に一区切りをつけようと思います。筆者の書籍を一冊でも読んでくださった一人一人に心からのお礼を述べます。いろいろな批判を受けました。逆に温かい言葉をかけてもらったこともありました。そのすべてに感謝しています。

第1章

宝塚の美と韓流の美

1 本書のきっかけ

さて、筆者にとっての十冊目の始まりです。

前述した今道友信氏の『美について』から引用した意図を疑問に思うことでしょう。しかし、これこそ個人的な感覚とでもいうべきもので、その真意を言葉や文字で説明することは不可能です。単なる個人的な思いと感覚なので、その点は了承してください。

六十年――還暦の年数ですが、大変な年月だと自分も思います。とはいえ、その膨大な時間の重さも、「現在」にはどうあっても勝てはしません。しかも「芸」について語るならば、〝いま〟の宝塚のスター、しかも男役たちの姿にスポットライトを当て、自らの見解を述べるべきでしょう。

正直、ここ十年ほどの〝現役〟トップスターの交代のあまりの早さに年齢とともについていけなくなってしまって〝疎遠〟にもなりましたが、少なくとも美について語るならば、宝塚の現在を省くわけにはいきません。しかし、すぐ身近にある宝塚ですが、二〇一八年は特に宝塚の観劇回数が少なく、仕事関係でないと大劇場に足を運ぶ回数が極端に減っていることに、ここであらためて気づいています。

この三十年ほどは、大得意分野の三十年前までの宝塚男役スターの美と、個人的に空白となってしまっている近年の男役の美とは、少しばかり違うといわれることがあります。間違いなく、そうでしょう。八歳のころに出合った夢の国・宝塚、そのなかの男役たちは、小さい子どもにはまさにディズニーの絵本に登場してくる王子様そのものに映っていた気がします。その思いが、年頃の少女から娘になってもそのまま残って、ふくらんで美へのとてつもない思いとなっていった、という気もします。

宝塚歌劇団編集部に奇跡的に入団するまでは、憧れを込めた美のかたまりのような思いを抱き、それをもったまま同じ空気を吸うという夢の世界に突入しました。短い在籍期間ではあっても、その時間は自分自身の世界が美とともに動いていたという気がしてならないのです。

その後、男役の美に対する思いはほとんど変わらずにいます。美という言葉には、それこそ宝塚がいちばんふさわしいとの思いがいつもついてまわった半世紀を過ごしてきた、というのが正直なところです。そこに、これから展開していきたいと思っている美が頭を出してきてしまったため、自分自身もややこしいという思いに包まれてしまいました。それが数年前のことです。

そのことを文字にして、宝塚本最後の一冊としたい、と決意しました。その宝塚の男役の美に匹敵するものが、ほかならぬ韓流男性スターの美なのです。

本書では、かなり大胆に自由に宝塚への思いを書きたい、という野心をもっています。そして、少々変わったテーマにふれてみたい、という思いがあります。つまり、九冊目の『宝塚百年の恋

――韓流にふれて』（彩流社、二〇一三年）で取り上げた「宝塚男役の美」と「韓流スターの美」とを比較してもっとくわしく述べるつもりでいます。

韓流スターに出会って八年。五十年の宝塚歴には及ばないにしても、その美にもかなりの時間ふれてきました。そこで、長年親しんだ宝塚の男役の美と、韓流スターと呼称される韓国の若手俳優たちの美――その共通項を探ってみます。

宝塚ファンなら、宝塚歌劇の存在意義の一つが夢の舞台上の男役の美にある、ということに異論はないでしょう。女性が男役となる宝塚の世界観は百年以上も変わらないのですから。

その世界をいろいろな立場で接して見つめてきた筆者にとって、韓流との出合いは「必然」でした。五十年以上の付き合いの宝塚と、七、八年の知り合い程度の「韓流」の魅力の共通点は、「美」のひと言に尽きます。

昔から宝塚という世界は夢の国そのものであり、特に、一九七四年に『ベルサイユのばら』（池田理代子、集英社、一九七二―七三年。以下、『ベルばら』と略記）という人気少女漫画を初めて舞台化して大成功を収めて以後の宝塚は、究極の美に限りなく近づく努力が昇華し具現化された結果として存在しています。それまでのんびりと夢の世界を描きつづけていたものが、『ベルばら』をきっかけに大人気となって急速に一般に周知されるなかで、一気に美そのものが開花していったともいえるでしょう。

実際、以後の宝塚、特に「男役」という宝塚にしかない存在はどんどん洗練され、さらに美しくなって現在までできました。いまでは、『ベルばら』当時のスターたちでさえ驚くようなカッコよさになって、男役の美の極致に近づいていているといえます。実際、数字上でも男役スターの身長は百七十センチをずいぶん超えてきていますし、顔の小ささにいたっては驚異的です。八頭身などというありきたりの表現では足りないかもしれません。彼女たちが燕尾服で大階段にズラリと並んで踊る姿こそ、いまの宝塚の最高に幻想的なステージを形作っていて、宝塚の象徴ともいえるでしょう。

五十年以上も宝塚といろいろに関わってきた人間にしてみると、この場面こそが、百年以上もの時を刻み、世の少女・乙女たちの心を躍らせて幸福にさせてきた美の結晶なのだと確信できます。そのまま一つの芸術的な絵画として永遠に残すことができたら、とさえ思ってしまいます。その美は、まさに宝塚でしか感じとることができないものです。

とはいっても、百年を超える歴史のなかで、当然ながらその美は大なり小なり変化していることは間違いありません。宝塚の基礎が作り上げられている時期には本書で考えるような男役の美を論じることは難しいかもしれません。なぜなら、「夢」の世界として基礎を作り上げている時間のなかで、いまの宝塚の男役の美を語るというのは、少し違うと考えるからです。第二次世界大戦が終わってから、その美は芽生えてきたといえるでしょう。多くの少女小説家たちの作品のなかに、それこそ絵本のような〝男性〟として、宝塚の男役は姿を現してきます。そのときから、宝塚にしかない、宝塚の男役にしか見ることができない美は誕生した、といえます。ちょうどその時代、生まれて初めて宝塚の舞台を見つめていたのが筆者です。そして、ついに一九七四年、創立から六十年あまりの時を経て、運命の出合いになった『ベルばら』が登場するのです。そこから、新しい男役像が加わった、ともいえるかもしれません。それからの日々の進歩はすべて目を見張るものがあります。たしかに、途中で（十年あまり前）その進み具合が止まったと思える時期はあったかもしれませんが、何にしても、現在の男役のそのすさまじい美は周知のことではないでしょうか。身長と足の長さ、そして頭の小ささは、宝塚の男役を超えるものはない、と思っています。

現代の日本の芸能界のいわゆるイケメンといわれる若手男性とはまったく比べようがない、と思うのは筆者だけでしょうか。それこそ、日本は「芸能の鎖国」をしているのではないか。見た目、実力、ともにうなずける人物が、どれだけいるでしょうか。一度有名になれば、その流れでまるで熱病のようにその人物がもてはやされつづけます。ルックスに首を傾げることがあったとしても、そこに実力が伴っていれば少しは納得できます。しかし、そもそもの実力というものが、特に欠けている気がしてなりません。まるで、「その芸能人がいいと思わなければならない」かのように、納得できない人物がテレビに出つづけていることも多いように思います。

なのに、いまの宝塚を代表する宝塚五組のトップ男役である花組の明日海りお、月組の珠城りょう、雪組の望海風斗、星組の紅ゆずる、そして宙組の真風涼帆をはじめとして、各組の男役たちの舞台上での美は、もはやこの世のものではない、とさえ思います。さらに、最近の宝塚では実力もしっかりと戻ってきているとくれば、鬼に金棒です。

それは彼女たちの燕尾服姿を見れば大いに納得できるはずです。つまりは、彼女たちのような美をもつものなどこの世では想像もできない、とずっと思ってきました。しかし、信じられないことに、現実にいたのです。それも一人や二人ではありません。

そんな筆者の眼前に、韓流の若手スターたちが現れ、大きなショックを受けました。

宝塚の美は宝塚の男役でしか表現できず、宝塚の男役だけに与えられた特権でさえある、といままでも思っています。ところが、同じような美が韓流スターにも存在したのです。日本の芸能界のなかでは、いままで一度もそのような美を感じさせられる人たちに出会うことがなかったこともあって、「韓流」の若手スターたちとの出会いから受ける衝撃も大きかったわけです。

仕事柄、舞台に立つ人やテレビ俳優などに会う機会を何度ももちましたが、前述したような美を感じた、あるいは想像できた人は残念ながら一人もいませんでした。重複しますが、いままでは宝塚の世界の美、特に男役の美を連想できる人はほかにいなかったのです。

さて、その独特の美については、文字による表現がなかなか難しいと考えています。なぜなら、肌の美、顔立ちの美、そして身長を含む骨格の美、さらには所作(動き)の美、それらすべてを総評しての美を指すからです。日本でイケメンだと呼ばれて騒がれる人と、韓流に対する「イケメン」という言葉は同じ意味で使うべきではないでしょう。厳しい言い方になりますが、両者の美しさにはそれほどの相違があるのです。

イケメン論争の詳細はあとで述べるとして、ともかくも五十年あまりの宝塚への「思い」と、現在の特に男役の現役スターたちの美と、韓流の男性スターたちの美が合致した結果として本書があります。

2 私の宝塚時代の思い出

宝塚は一九一四年創立です。そして二〇一四年に百周年を迎えました。創立から百年以上の歴史をもつ宝塚歌劇ですから、多くの著名人やマスコミ関係者が書いた「宝塚論」がたくさん世に出ています。筆者自身もそれらの著書を心して読み、耳を傾けて執筆の参考にしてきました。そして、多くの先輩たちの協力もあって、自らも宝塚歌劇団での三年弱の編集者としての経験をもとに、現在まで宝塚本を出版してきました。

元スターのみなさんにもいろいろ相談にのっていただき支えられてきました。

そのなかでも、亡くなるまで宝塚の現役生徒だった天津乙女さん、春日野八千代さんの、その生涯には言葉がありません。

天津さんは七十代という早い年齢で亡くなりましたが、春日野さんは九十代半ばの天寿を全うしました。どちらも芸一筋、タカラジェンヌ一筋の伝説の人でした。筆者にとっては、女性としても最高に尊敬できる二人でした。

そして、筆者の歌の師匠であり、八冊目の本に取り上げた主役・深緑夏代さんも、タカラヅカOBとして尊敬する女性であり、さまざまなことを学ぶことができました。天津乙女さん、春日野八千代さん、そしてさらに身近に接することができた深緑夏代さん――。宝塚と関わりつづけてきた半世紀だからこそ、自分の歴史のなかで彼女たちの存在は大きく、そんな方々と少しでも接することができた幸せは限りないものです。

なかでも春日野さんと天津さんには、筆者が宝塚歌劇団で仕事をしていたときにインタビューでそれぞれ一度だけですがゆっくりと話を聞くことができました。いまから四十年ほど前のことなのにもかかわらず、そのときの印象はいまでも強烈に残っています。伝説のタカラジェンヌ、という意識がどこかにあったために緊張でいっぱいでしたが、にこやかで優しい口調の二人でした。そのうえ、仕事以外でも師匠と弟子という関係で付き合ってきた深緑さんともたくさんの思い出があり、人生を勉強することができたことは最高の財産にもなっています。

宝塚の歴史に大きく名前を残しているタカラジェンヌの方々だけでも、筆者にとっては最大の宝物であることは間違いありません。さらには、そうしたみなさんの思い出は大きな大きな誇りであり、幸せでもあります。

この幸せを与えてくれたのが、短い期間ではありましたが仕事をした、いまは名称も変わってしまった宝塚の編集部でありその時代の先輩たちだったことを思うにつけ、そんな幸運を与えられたことをあらためて大いに感謝しています。この頼りない筆者を同輩として指導していろいろ教えてもらったことなども、この年齢になってさらにありがたみを感じています。その後も、さらに年上の編集部の先輩と知り合っていろいろ協力を受けたこともありました。

創立当初から第二次世界大戦終了までの宝塚の人気と歴史を支えた大スターたちが、現在の美に匹敵すると断言することはできません。その時代背景もあり、当時は現代よりも小柄な劇団員も多かったからです。だから、どうしても現在のほうが、スタイル美だけで考えるとよりよくなっていると言えるでしょう。

しかし、春日野さんは、当時、少女小説の憧れの「ヒト」としてその美は多くたたえられていました。まさに伝説の人物です。さらには、あの『ベルばら』ブーム。それは、彼女たちの実力と表現力がないと作りえなかった世界です。現在、このように宝塚ファン以外の人たちにも「憧れの人」といわれるトップスターが、どのぐらい存在するでしょうか。

つまり、こういった諸先輩が培ってきた美が、現在までの宝塚男役の美に結実している、と考えるのは当然のことだと思います。そのことは昔のファンの方も賛同してくださるでしょう。

会うことができないタカラジェンヌに文字のうえならば会え、さまざまに会話をして、その人間性にふれることができた筆者は、別の意味で宝塚の美を肌で感じられた、といまではそう思っています。

ちょうどこの原稿を執筆中に、昼のドラマで『越路吹雪物語』（テレビ朝日系、二〇一八年）を放送していました。越路吹雪さんといえば、当然、たくさんの曲に詞をつけた作詞家の岩谷時子さんも重要人物で、この二人のドラマとして物語は進行していました。越路さんとは直接は会ったことはないのですが、岩谷さんとは何度となく手紙でのやりとりをしました。何といっても宝塚編集部の大先輩であり、「歌劇」（宝塚歌劇団、一九一八年―。現在は宝塚クリエイティブアーツが発行）の編集者として大尊敬している一人です。岩谷さんが亡くなる前、入院しているという連絡を受けるまでは、よくハガキなどをもらっていろいろアドバイスを受けていました。

越路さんのことは、深緑さんから話を聞いていたので会ったことがなくても気持ちに近しいものがありました。その大スターと大先輩・岩谷さんのドラマは、ドラマという以前に大変身近に感じられて、心引かれて見ました。

このように、幸せなことだらけの編集部時代でした。みなさん大きな尊敬と思い出を与えてくれた大切な人たちですが、残念ながら故人になりました。

3 私が関わってきた宝塚

結婚後にフリーとなってからも、タカラジェンヌOBの人たちと取材などの仕事で接するチャンスがたくさんありました。その折々に、舞台上での同僚というわけではなかったにしろ、宝塚関係者だったということでとても親しみを込めて接してもらい、仕事にも大変助かりました。同じ宝塚という枠のなかで生きてきた、ということで、少しばかりの親しみを示してもらったのだろうと思います。いまでは現役スターとは親と子ほどの年齢差があるうえに、仕事上の付き合いもあまりなく、面識という点では、ひと昔前の人たちに比べるとはるかに温度差と距離感があります。

それらのスターたちに教えられたこと、考えさせられたことなど、そのときどきで接触できたからこそ筆者の現在があるのです。

繰り返しますが、宝塚と出合ってからの半世紀、人生のほとんどの時間といっていい「時」を幸せな思いだけで過ごせたのは、何よりも最高のことです。

二〇一四年に百周年を迎え、百五十年、二百年に向けて邁進している宝塚のこれからがこの社会の「宝」になることを切望しています。そして何代にもわたって家族ぐるみで長く応援してもらえる雰囲気をずっともちつづけてほしいのです。

宝塚という世界は「夢の国」であることが基本であり、そしてそれは「宝塚歌劇団」という劇団にとって大きな意味合いをもつキーワードでもあります。しかし、その世界のなかに存在すると、それまでのファン意識とは違った感覚になってしまいます。憧れのスターたち、憧れの大劇場、その裏側などを垣間見ることができるにつけ、ファン時代の憧れを夢とともにもっているのがいちばん幸せなのだ、とも思いました。宝塚に身を置いたために失望してしまったわけでは決してありませんが、しばらくその空間にいると、あくまでも宝塚が「現実」として映るようになる部分も出てきます。そういう感覚や感情に慣れるにしたがって、憧れにも似た思いは徐々に変化して、それが日常になっていき、日々仕事と割り切れるようになっていった、ということです。わかりやすく言うと、憧れの世界のなかに身を置いて、ぜいたくなことにその環境に慣れていった、という単純なことなのだ、と思います。自分自身にとってそれがいいことなのかどうかは、当時あえて考えないようにしていたという気もしますが……。そのため、ファン時代の感情をときとして懐かしくさえ思ってきました。

もちろん、憧れの世界で仕事ができる幸せを常に心の底で感じて、ありがたいと思っていたのも確かです。夢だった仕事、好きな仕事、そして楽しい仕事に就いていることが、日々最大の幸せでした。人は誰もが好きな仕事で生きていけているわけではないことは、若くてもさすがにわかっていました。そのことを心にとめて運命に感謝しながら、同時に日々幸せを感じながら、明るく働いていたということは声を大にして言います。

しかし自らの人生設計にはなかったはずの結婚で、結局は短い在籍期間になってしまったことが、いま思えば大きな誤算でした。なにせ、大正時代生まれの親には結婚がいちばんであり、それに逆らえなかった時代と言ってもいいのかもしれません。しかし、そんな親の思いに立ち向かえなかった筆者にとって、悔しいという気持ちはいまでも変わらず大きいです。結婚が幸せか不幸せということとはまったく関係なく、宝塚での楽しい仕事をまだまだ続けたかった、という悔いがずっと胸の奥底に残っていたのです。いまさらそんな後悔をしても仕方ありませんが、それほど宝塚での仕事が楽しく幸せだったのです。

そんな思いから、その後自分なりの「宝塚論」を一生懸命に書いて出版してきました。さまざまな批判や賛同を十分承知しながら、です。

ただ、筆者が在籍した当時も、タカラジェンヌ、特に男役たちの美は無意識に欠かせないもの、と思っていたところがあります。『ベルばら』がファンの想像以上の大ヒットとなったあとだったので、それこそ美の意義はさらに大きくなってきているころでもあります。

『ベルばら』以前の宝塚ファンだった時期は、筆者にとっては在籍したころと少しばかりその美は違っていた、と思えてもいます。つまり、在籍時には『ベルばら』の喧騒まっただなかだったため、宝塚内外ともに常に熱く大騒ぎの時代でした。初代オスカル役の榛名由梨さんをはじめ、宝塚でオスカル役にいちばんピッタリといわれた安奈淳さん、同じく汀夏子さん、そしてフェルゼン役でさらなる人気を得た鳳蘭さんの四人は、宝塚四天王としてマスコミや各地の公演に回る大人気男役スターとして、考えられないほどの人気を得たのです。そして、この四人が出演するとなると、その公演の座席券は入手困難という現象が続きました。

楽屋では、それこそオーバーではなく、まさに〝黒山の人だかり〟の日々がずっと続いていました。筆者自身も、そのすさまじさに楽屋に出入りすることが大変な恐れとなってしまっていました。当然、彼女たちも日々恐怖のなかを走り抜けていったのです。そこに美を新たに感じた、というとおかしな表現かもしれません。

とにかく、この四人をはじめ『ベルばら』以後の宝塚男役たちが、現在の美を生まれさせたのです。

『ベルばら』で、いわゆる大フィーバーを起こして、その後の作品やファンたちに大きな影響を及ぼした当時のトップスターたちは、いまも宝塚のためにがんばって元気に自分の立場を守りつづけています。もちろん、年齢を重ねてはいます。けれど、変わらないのは、当時のまま輝くスターとしての「オーラ」です。大活躍した現役の時代をよく知っている身にとっては、年月がたっても彼女たちが宝塚で輝いていた姿を忘れられません。変わらぬ姿を示している「いま」の彼女たちを見るにつけ当時を思い起こして幸せな気分になります。そんな世界に浸っていると、また宝塚について書きたいという意欲が満ちてきて、その流れのままに何度も発言してきた、という次第です。

第2章

『ベルばら』以降の宝塚の美とは何か

1 宝塚男役の美の研究

花・月・雪・星そして宙の各組のトップ男役ともなれば、宝塚ファンならば当然知っているはずです。花組は明日海りお、月組は珠城りょう、雪組は望海風斗、星組は紅ゆずる、そして宙組は真風涼帆のスターたちが二〇一八年現在のトップ男役です。

昔から宝塚の舞台化粧はみんな同じようで誰が誰か見分けられない、と筆者の学生の時代からいわれてきましたが、ファンであれば当然そんなことはありえません。しかし、いまの時代のトップ男役は、誰もみな身長は百七十センチ前後、足長のスタイルがそろっていることもあって、化粧をしてしまうとオールドファンにはもはやお手上げ状態になると言っていいかもしれません。ここ十年あまりのタカラジェンヌ（特に男役）の美はそういう意味も含めて、ハンパなものではなくなっています。前述したとおり、宝塚の象徴である大階段での男役の燕尾服姿は、とてもこの世のものとは思えません。舞台を見ながらいつでも、この一場面だけでも切り取って額縁に入れておきたい、とひそかに思うのは筆者だけではないでしょう。つまり、それこそ究極の美を象徴する場面だからなのです。

あるテレビ番組で『ベルばら』の原作者で漫画家の池田理代子さんが、「いまの宝塚での『ベルばら』オスカルは、昔よりもさらにカッコよく、ひょっとして、私が描くオスカルさまのほうが負けるかも、と思ってしまうほど」と語っていました。オスカルの生みの親の言葉なので、このうえなく重みがあります。筆者も自信をもって現在の宝塚男役の美のすごさが語れる、と内心喜んでしまったほどのひと言でした。漫画のオスカルをもしのぐ美こそ、現在の宝塚はさらに求めていってほしいものです。

さて、重ねて言いますが、筆者の宝塚との出合いは八歳ごろのこと。――当然、社会的には現在ほどの認知度も人気もなかった時代でした。しかし、その当時の美が現在までずっと宝塚にある、と思っています。

宝塚は、二〇一四年に百周年という記念すべき年を無事に過ごし、すでに百四年を過ぎています。五十周年のころ、小さい体を座席に沈めて、「いずれ自分もなんらかの関係でこの世界に身を置きたい」と考えていた、いや、あてもなく夢見ていた自身の少女時代の姿を思い出します。それから十五年ほどたち、その夢がかなって、あの大先輩・岩谷時子さんがいた宝塚編集部に入ることができ、これまた、岩谷さんと同じ「歌劇」誌の編集に携わることになったのでした。その喜びは長い日々を経た「いま」も、明確に思い出すことができます。

大学卒業までの学生時代をひたすら宝塚ファンとして過ごしてきた筆者にとって、それは運命の出合いとなった「夢の舞台」に引かれ、そして男役たちの魅力を愛してきた十数年でした。宝塚の社会的存在意義やその立場などに考えが及ぶことなどはありませんでした。ところが、社会からみていた宝塚の世界の印象と、内部で仕事をするようになってからの感覚とでは、大きく差があることに気づきました。なかに入り込んでからは、もう少し冷静な目をもつようになったので、徐々に宝塚の美の意味・意義についてもどこかで大きく意識をするようになっていました。とはいえ、そのことについてじっくり考えることなどせずに、ただ、その美を感じながらのあっという間の日々だった、というのが正直な姿でした。日々、ステキなタカラジェンヌたちに接しながら、取材や記事執筆という夢のような仕事に忙殺されていました。美が常にそばに存在していることを意識しながら、そのことに慣れていきました。ですから、宝塚が世界で唯一無二の存在であり、その美は他に類をみないものだということを実感するようになったのは、外に出てからです。外側からみることで、ほかに比べようがないという思いが実感となって迫ってきたのでした。

宝塚については、「夢の世界」の四文字にすべてが込められている、といえます。そして、その「夢の世界」のなかに「男役」があり、百年以上の歴史を通して、その美が凝縮されてきています。時代時代の少女たちの「夢」や「恋心」を詰め込み、それらを反映して作り上げられたのが宝塚の舞台であり「美」なのでしょう。それこそ、多くのファンに愛されてここまで成長した美の存在感は、言葉では言いつくせないほど大きなものとなって「いま」があります。そしてそんな美こそ、絶対になくしてはならないものとして、これからも大事に守っていかなければならない伝統の一つなのです。それは、間違いなく存在し、この美なくしては宝塚を語ることができないくらい大事なものです。

特に最近は男役がもつ美が大きな役割を果たしていて、歌舞伎の世界の「型」と同じ意味で、その形式美は、ほかにまねができない存在になっています。男役は最近、外見がさらにグレードアップし、まさに奇跡のスタイルともいえるほどに美しくなりました。それほど美しい外見となっていることに、いつも驚きを隠せません。その事実は宝塚全体の美の大事な基本になっているのです。

筆者が小さいころは、スターの美しさよりも、宝塚という世界の舞台の夢のようなすばらしさ、この世のものとは思えないような雰囲気ばかりに心を奪われて、個々のスターたちにゆっくり目を向けることなどしなかった時代でありファンだったようにも思います。それがある程度の年頃になると、一人ひとりのスターの魅力に心奪われていくようになりました。ただ、その当時でも、宝塚の生徒というのはスタイルのよさも「有名」になっていたので、カッコイイという美は当然のことだと受け止めていたところはあります。しかし、現代では一般の人たち、特に女性たちの美のグレードも全般的に上がってきています。ということは、タカラジェンヌの外見はさらに「究極」に近づいていっている、といえるのでしょうか。

舞台に立ったときに、その美が際立つように気を使うことがタカラジェンヌの一つの誇りともなっています。特に男役は、さらに頂点とまで言える男の美に及んでいます。当然ながら、タカラジェンヌになるための音楽学校の試験で外見が重要視されていることは、言わずもがなのことです。それこそ生まれもったものであり、努力だけでは及ばないことの一つでもあり、どうにもならない美の基準かもしれません。宝塚の、特に男役の美というのは、こうして現代に向けてさらに選別されたものへと変化してきているのだ、ともいえます。

宝塚が誕生して間もないころは、現代とはまったく違う時代背景でした。それに対して、現在は地球規模で情報ネットワークが張り巡らされて、瞬時にさまざまなニュースが耳に入り目に飛び込んできます。それによって得られる恩恵は、当然昔の比ではないことは多くの人が理解していることでしょう。ところが、そんななかで生きている私たちは大きな恩恵を享受していながら、それを当然のように受け止めています。宝塚が生まれた時代とは、そのあたりでも大きく違うということを認識しなければならないでしょう。

あの時代に女性ばかりの舞台集団が生まれて、それが二〇一八年の「いま」もさらに隆盛を続けていることを落ち着いて見返してみることも必要なのでは、と思います。それについて考えることで宝塚の美というものの本質を、もっと知ることが可能になるのだ、とも感じるのです。そんな難しいことはここではおいておくとしても、本当に大きな時代の変動の流れのなかにありながらも、宝塚はその美を変わらずに脈々と守り抜いてきているのです。それだけでも、すばらしいといえましょう。その時代によって、宝塚を見る「目」も、その本質を考える「心」も、微妙な変化を遂げてきているはずなのに……。

長い変革の時代を生き抜いてきた日本の女性たちは、その時代の流れに翻弄されてきました。旧弊な「男尊女卑」の考えのもとで生きざるをえなかった女性たち、その半分を占める女性たちが生きていた位置は、いまでは想像することもできません。現在とはまったく違う、考えられない価値観のなかで、女性ばかりで生き抜いてきたことへの尊敬をいまあらためて強く感じています。

現在は平和だと言ってもいいと思いますが、七十数年前は悲惨でひどい時代でした。それほどの時代を生き抜いた結果として現在があることを、近頃では宝塚の美のことともによく考えます。百四年を変わらず生き抜いてきた宝塚の美は、その長い歴史を考えると、たぶん今後もその土台は変わらずに守られていくだろうという確信があります。そんな思いも込めて、宝塚の「いま」を見つめ直してみると、また、新しい思いや発見があるかもしれません。


二〇一八年は、宝塚に五組目の宙組が誕生してから早いもので二十周年になりました。

宝塚は創立から八十年以上もの長きにわたって四組制（花・月・雪・星組）をとっていましたが、一九九八年に宙組が誕生して五組制がスタートしました。幼いころから、花・月・雪・星組の四組制で宝塚は成り立っている、と頭に刻み込まれていたため、宙組誕生の折には理由もなく大きな違和感を抱いたものでした。しかし、筆者をはじめファンはこの五組制にすぐに慣れて、現在の繁栄を迎えているわけです。

その宙組誕生は、本書のテーマである宝塚の美にもどこかで関係しているようです。

二十年前、宙組誕生の折のトップスターは姿月あさとでした。それに続く二番手、三番手……

そして現在まで宙組のトップというのは、長身で、カッコよく、いわゆる「超美形」を愛するファンたちからたくさんの応援メッセージをもらえそうな男役が続いています。その意味で、この宙組というのは、宝塚のほかの四組同様に美の伝統を受け継ぐためにも誕生した組、と思えるのです。たぶん、筆者の意識のなかには、この創立二十年の宙組の男役たちの姿が大きく影響し、本書を書く動機になった部分もあるのではないか、とわれながらそう思います。見た目の「超美形男役、また、相手役の娘役とのコンビの美しさなど、現在の宝塚らしさは、まさに宙組誕生によってもさらにその美が確かめられたような気がするのです。

もちろん、前述したように宝塚創立時から、宝塚男役の美というのは特別で、乙女たちの理想の男性像を描きつづけていたことも間違いありません。そして「宙組」の誕生が、百年を目指していた宝塚の飛躍の要因となって、宝塚にさらなる力を与えたのにちがいありません。その意味で、今年の宙組誕生二十年、いわゆる「成人」の年というのは、宝塚の美を見つづけてきた筆者にとってとても大きな意味をもっているのです。そしてまた、ちょうどそんな思いのなかにいる時期に、久しぶりにその宙組誕生二十周年の公演を見ることができました。

二〇一八年になって初めて訪れた宝塚は、筆者の記憶よりもさらに大変な盛り上がりを見せていました。筆者が劇団に通っていたころのあののんびりムードはもうとっくにどこかに消え去っている雰囲気のなかでも、春四月、美しい桜並木を日々うれしく通っていたかつての自分の姿を懐かしく思い出しながらの観劇でした。

二十周年ということでこのときの公演は宙組ができた当時と同じ演目のショーの再演であり、少女漫画の舞台化もあった豪華な演目でした。私が十冊目を書くにあたって最高のシチュエーションになったともいえるでしょう。それこそ、少しオーバーな表現かもしれませんが、そういう感慨を抱いていたのは本当でした。そしてこの公演は、懐かしさとともに、あらためて宝塚の美を考える貴重な時間にもなりました。

もう一つ、宝塚の美をさらに強く感じさせてくれたのが、再演のショーでした。このショーは、初演時に、宙組の初代スター姿月あさとの歌唱力、続く男役スターたちの実力の高さもあって、その人気と実力から宙組バースデイを成功させた要因の一つになっているといわれたすばらしい仕上がりのものでした。そのショーの再演は、新生トップスターとなる真風涼帆を迎えて、なかなかの実力をみせてくれる美しさでもありました。なかでも、ショーで男役たちが燕尾服で大階段で踊る、という宝塚定番のダンス場面では、久々に心トキメキました。あんなに圧巻のダンス姿というのはなかなか目にできるものではありません。その瞬間、宝塚の美をあらためて心にも体にも染み込ませました。この美を、この日本で見せられるのは宝塚だけだ、と自信をもって主張できることを再確認しました。

かねがね筆者は、この燕尾服の男役たちが大階段でダンスを踊る姿が宝塚の美のすべてを象徴していると思っていましたし、そのことを文字で公言してきたこともあって、久しぶりに目にした正統派のその姿には、オーバーかもしれませんが涙を禁じえないものがありました。さらに、その男役たちが宝塚歴史上まれにみるほどの長身であることが、まさに理想の宝塚を実現しているように感じました。だからこそ、筆者は世界中でこの大階段の男役たちの美に勝るものなど絶対にない、と言い切ってしまえるのです。

「そうだ、この燕尾服が宝塚の美なのだ、原点なのだ」と、半世紀以上宝塚と関わってきた間ずっともちつづけてきた思いをあらためてかみしめました。たぶん、この舞台を見にきた人たちの多くが、筆者と同じ思いを抱いていたのではないでしょうか。この美を、さらにさらに多くの人たちに見て知ってもらいたいという願いが、それまでよりもひと回りもふた回りも大きくなったのです。

それほどの唯一無二の美と「韓流」の美を比べるのは少々無謀かもしれない、という気持ちもほんの少し胸の底に沈んではいるのですが、両者に共通するものがあるという考えは、筆者が確信しているものなので、実は比べることにさほど違和感を覚えてはいません。これこそ人間の本能の一つでもある美だと思っています。

しかし、この突出した美の世界では、本来は何も語る必要はないものかもしれません。そうはいっても、表現できない美だからこそ、書き残したいという強い思いが生まれたことも事実なのです。百四年を超えてさらに続いていくだろう宝塚の美の世界の、その基盤が揺るぎないことを久しぶりに舞台を見て感じましたし、それこそ絶対的な美であることの認識が強固なものになりました。

宝塚の美とともに韓国の美を考えていくうちに宝塚創立百四年という数字の重さを、さらにひしひしと感じるようになってきました。この数字のなかに、宝塚の美が形成され維持されてきた時間があり、その間の関係者たちの夢や希望、そして時代背景に対する努力など、それぞれじっくり考えてみると、その百四年という数字の重みを実感できるようになりました。そういう意味で、宝塚の美こそ、人々の思い、歴史、そして夢や希望を引き受ける、紛うことなきすごいものなのだ、ということがいえます。宝塚の美について、これまで以上に掘り下げて考えるチャンスを与えられたことを何よりの幸せと思っています。

そうはいっても、宝塚の美を文字だけで表現することは、結論として、いずれにしても不可能ではあるのです。むしろ、あの大階段での男役たちの燕尾服姿、それを見るだけで宝塚の美の多くを伝えられるかもしれないのです。それだけ、あの場面には筆者が伝えたい「美」が凝縮されているのです。そんな意味で、前述したように現代の情報ネットワークの役割を最大限に活用し、可能な限りで、その「美」を世界に発信してほしいと思うのは傲慢でしょうか。

2 宝塚初代『ベルばら』にふれて

さて、前述したようにあの大フィーバーとなった『ベルばら』以降、テレビ・ラジオ・マスコミなどへの露出が大いに増えて、宝塚への関心が日に日に増していく時代が続きました。全国から人々が宝塚に押し寄せ、それがまた話題になっていったわけです。情報があふれる現代しか知らない人たちにとっては、当時の宝塚への注目度の高さはそれこそ驚異そのものだろう、と思います。

当時の大ブームを巻き起こした初代オスカルや続くスターたちにとっても、いまもって強烈で忘れられない思い出でもあることでしょう。いまから四十年以上前の時代なのですから、現代を生きる人たちにはなかなか想像できないことでもあるでしょうが。

少し以前に、初代オスカル役の榛名由梨さんは「日本国中、たくさんのところを地方公演で回って、オスカルもアンドレも演じさせてもらいましたが、その場所その場所で大変なファンの人たちに囲まれて、すさまじささえ覚えたことが多々ありましたよ」と、当時の人気のすごさを語ってくれましたが、うれしいという感情とは別に、少しばかりその大ブームに恐怖も感じていたようでした。宝塚大ブームは、初演からずいぶん長い間続きましたし、筆者自身も宝塚の編集部時代に、その大ブームを肌で感じる場面に何度も遭遇していました。いまでもときどき、当時のスターたちに会って話をすることがありますが、『ベルばら』の話題になると大変な数のファンに囲まれた話が必ずついてくるのです。

たぶん、現実の舞台と漫画の世界が、完全には切り離すことができない状態になってしまっていたのでしょう。「宝塚の誰々」というよりも「オスカルやアンドレ」と呼んで、いま舞台に出ていた人は漫画の登場人物だという錯覚を起こしていたこともあるかもしれません。それだけでも、宝塚史上初の少女漫画の舞台化は大いに成功したといえますし、以後はそんななか、宝塚ファンたちを別の作品でも「とりこ」にしていって、さらなる繁栄を続けながら現在までやってきたという状態なのです。たぶん、そのあたりから宝塚の美は、独特の、しかも確固たるものに変化していったのだ、といえるかもしれません。

『ベルばら』前後で、ファンの雰囲気や年齢層などが変化したと評する人たちも多いです。つまり、『ベルばら』以降の宝塚は変質した、と感じるファンもいたようです。しかし、『ベルばら』は、それ以前のファンたちからの上演希望によって、上演決定となった経緯もあります。『ベルばら』が、宝塚の世界にピッタリでもある、と考えるファンたちも多く存在していたわけです。当然、宝塚をまったく知らない原作ファンのなかには、『ベルばら』の舞台化など言語道断、という人たちも多く存在していたでしょう。

大変な期待と不安を一身に背負っていたオスカル役の榛名さんや関係者の困惑と悩みのうえに

『ベルばら』の幕は切っておとされ、そのフィーバーぶりは、関係者、出演者たちを、大いに驚かせるものとなりました。宝塚の美の真価がそこで発揮され、公に認められたといえる出来事でした。まさに、宝塚の歴史上の大きな事件であり、転換期ともなった作品になったのです。

『ベルばら』は一九七四年の初演以後何度も再演されて、主人公役や演出が変更された作品も生まれ、一九七四年の初演以来、何年もの間フィーバーが続いたわけでした。

初代オスカル榛名さんの悩みはそれこそ当の本人しかわからないことではありますが、劇団在籍当時のインタビューの折に、「それはそれは、配役が決まったときには、大いに驚いたし、ホンマにどうしようか、と思いました」と大阪弁を駆使してその心境を語ってくれました。原作の漫画を読んでさらにオスカルという役のすごさを再認識し、悩みは深くなっていったと言います。追い打ちをかけるように、原作のファンの方から次々と脅迫めいた手紙が送られてくるようになり、恐ろしささえも大きくふくれあがったようです。

しかし、演出の俳優・長谷川一夫さんの指導を受けていくうちに、何とか気持ちも少しずつ収まってきていたのではないでしょうか。また、もはやそれどころではなくなっていたという気持ちのほうが大きくなっていたのかもしれません。初日の幕が開く前の心境は想像もできませんが、初演の組である月組一同と、トップである自分自身を奮い立たせての運命の一日だったようです。そんなこんなで、ついに運命のときはやってきました。

幕を開けた瞬間、客席からそれまで耳にしたことのないような「どよめき」「タメ息」がいっせいに押し寄せました。

宝塚史上に残る一日、伝説の初日の幕開けです。

この日から、宝塚の美は次の段階へ一歩進んだ、と言えるでしょう。そうなると、宝塚はさらに強いものになります。それまでの歴史で培ってきた独特の宝塚の美のうえに、さらに何ステップもの上を目指せる美が誕生したのですから。そのときから、誰もまねができない男役の美が世界に大きく羽ばたきました。

それ以後、各組競演で『ベルばら』は再演を繰り返し、オスカルだけでなく、アンドレやフェルゼンが主役の作品もそれぞれヒットを遂げたのです。

初代オスカルのあとアンドレ役もこなし、『ベルばら』フィーバーといえば第一人者、そう評される榛名さんにとって、『ベルばら』という作品に出合ったことは大変大きな「事件」であり、以後さまざまな体験をしていくことになる「源」ともなったことは間違いないでしょう。いま現在も、『ベルばら』再演のたびに劇団に請われて、その演技指導に力を入れていて、やりがいも感じている、と話しています。

たぶん、初演当時この榛名さんと同等のオスカル役の宝塚スターは、安奈淳さんぐらいのものかもしれません。安奈さんは『ベルばら』上演の話があった折に、まっ先にオスカル役を期待されるようなイメージのスターでした。そんなこともあって、榛名由梨さんは初代オスカル役となった重責を、さらに大きく感じていたようでもありました。

本人にしかわからない苦労と悩みのなかの初代オスカルの大成功だったわけです。以後の宝塚の美をさらに確かなものにしていった『ベルばら』の成功は、宝塚を愛するファンたちや関係者の援護もあって、宝塚の美をさらに揺るぎないものにしていきました。その功績は偉大です。いまこうして、宝塚の美を語るうえでの根本でさえあるのですから。

3 舞台の美

前述したように、最近、筆者は昔ほど宝塚観劇をしなくなってしまいました。しかし近年、久しぶりに大劇場に足を運び、その美を再認識できました。仕事柄、大きな劇場や、さまざまな演劇観劇のためでいろいろな俳優や演者たちの舞台に足を運ぶことが多い日々です。ただ、それは心の声に呼ばれたというわけではなく、気軽な興味本位の観劇、仕事の延長線上での観劇でもあります。それは、美とはあまり関係がないところでの行動なのです。

そんな現在の筆者の行動のなかで、前述したように久しぶりに宝塚を見たのです。そこに導いてくれたのは仕事ではあっても、一歩劇場に足を踏み入れた途端、本当に実家に戻ったような、古巣に帰ったような、そんな安心した思いに浸ることができました。大変意外な気がしましたし、また反対に当然のような思いも抱きました。宝塚の美が、いまもやはりそこにある安心、そして生徒たちの変わらぬ雰囲気、多くのものが自分に自然に迫ってくる感覚が不思議でした。そのとき、宝塚の美を、別のものの美と比べていろいろ考えているなどということは、すべて忘れ去ってしまうほど自然でした。この宝塚の美は、宝塚の世界だけで、また宝塚の男役が存在してこそ作り出せるものだ、と再び強く思ったのです。そしてさらに、少女漫画という一種独特の世界を舞台に再現できる唯一無二の存在だったからこそ、宝塚が一つの美の代表になっているのだろうと思います。つまりは、宝塚の世界は時代背景も人々のものの考え方も違う時代に誕生して以降、乙女たちによって愛されて育ってきたのです。その宝塚が、乙女たちによって大事に愛され慕われてきたその世界が、少女漫画という分野によって大きく花開き、さらなる魅力を発揮し、その美を確立したのです。筆者は、そう確信しています。そして、最近の宝塚の舞台を見るたびに、その思いを強くしています。それがいまの百四年の歴史の一部となってきているし、これからの道へとつづくカギともなっているのではないか、と考えるのです。

一方、美だけではなく宝塚が織り成す「夢」にも男役は大切な存在です。

「夢の世界」――とひと言で宝塚をこう表現することはよくあります。むしろ、この表現こそが宝塚を象徴しているともいえます。さまざまな苦難・困難というのは、普通の一生を送る人間にも大なり小なり訪れるものであり、それこそが人間に与えられた課題とも考えられます。宝塚歌劇団自体は一人の生身の人間とは違うにしても、当然人間の一生以上の時間を歩んできたのですから、さまざまな坂があり、さまざまに曲がりくねり、行く手を阻むものもいろいろあったでしょう。すべてのそれらの道程と時間のなかで、宝塚は夢の世界でありつづけてきました。たくさんの苦難・苦労に打ち勝って、耐えて、現在まで「夢」のままでいる、それも、生き生きとです。しかもそれは、ほかの入り込む余地がない独特の美しさとなって、厳然と目の前に存在しているのです。そのことを忘れず、その美を大切に守り通してこその百五年以降の未来へ向けての準備でもあるでしょう。「夢」のために美を守らなければなりません。それこそが宝塚なのですから。

宝塚の生徒たちのことをいえば、年齢が何歳になろうとも、結婚をすることはできません。家庭をもつ、夫ができる、ということは、即宝塚を去ることを意味します。つまりは、タカラジェンヌではなくなるわけです。しかしこれは、宝塚という「夢の世界」を支えている大きな要因の一つといえます。基本的に「未婚」であること、それが宝塚の美の源を支えているのは間違いありません。また、そのことが百年以上も宝塚を守り抜いてきたファンの精神の支えになっているのです。

前述のように、最近の男役は、長身でスタイルも抜群となっていて、その「男役美」は極め付きのものになっています。現在の宝塚には、花・月・雪・星・宙組の五組が存在し、それぞれにトップ男役・女役がその組の頂上に君臨しています。トップに立つことは、タカラジェンヌの最終的な目標であり、その座につくことが彼女たちの夢なのです。その夢を目標にすることは、カッコイイ「男役」の美がとぎすまされていく理由にもなるわけです。百七十センチ前後の長身、小顔、足の長さはもちろんのこと、どこから見てもその姿は、もはや誰の批判をも寄せつけない最高峰を示しています。宝塚が美の世界であり、夢の世界だからこその当然の結果でもありましょう。

そもそも、夢の舞台に立つ条件の一つである音楽学校への入学の競争率は常に高い現実があります。しかも最近では、その入学試験で、まずは「その人」の外見をみることから始まるということです。実力をみるよりも、とにかく「その人」のオーラと美を感じとることから始まるのです。

それは、第一に「宝塚の美」の世界に存在できるスターになれるか、を判断するということでもありましょう。わかりやすく表現すれば、夢の舞台の王子様、お姫様に変身できる容姿かどうかを見極めるのです。

いずれにしても、宝塚の美の世界では、男役には、いわゆるイケメンで、足が長く、全体的に均整がとれて、とにもかくにも格好いいかどうか、が問われるというわけです。近年宝塚では、そういう宝のなかの宝を探すことに、大変な力を注いでいるようです。そのうえで舞台化粧をほどこせば、それこそ美としては最高のものとなって、ファンたちの理想をかなえる、ということになるわけです。百年以上の歴史を過ごしてきたいまの宝塚こそ、「夢」と美という理想を、最高の形で実現しているといえるかもしれません。

前述のように、宝塚は、結婚するなら退団という絶対的鉄則をもちます。かつての大スターの一人は、結婚しても辞めたくないと劇団に直談判をしにいったという噂もありましたが、とにかく、いまも結婚即退団の不文律は宝塚の大きな鉄則として存在しています。

こんな時代にバカバカしい、と一般の人々にはあからさまに言う人もいると聞きます。しかし、筆者にしてみれば、こんな時代だからこそ、長い間その信念を守り通してきたところに、魅力と尊敬と、そして格段の愛情を感じているのです。恋愛や結婚の形態が少しずつ多様化しているこんな時代だからこそ、将来的にもさらにこの鉄則の存在意義は大きいと信じているのです。

結論的にいえばとても単純な話なのです。「つまりは王子様を見ているだけ」と評する人もいることでしょう。そういわれればそうではあるかもしれません。しかし、そここそ宝塚をこよなく愛するファン層の心理をみることができるのではないか、と考えています。ファンの年齢層は幅広いですが、中心はやはり中年の「おねえさま方」だと思います。そう考えると、昔の『ベルばら』時代の王子様をどこかで夢見ていると考えるのは自然ではないでしょうか。

また、宝塚の男役を「王子様」の象徴と昔から例えることは多いのです。美しい男性のイメージでもあるので、宝塚の男役自体を「王子様」と考えるのは間違いないものかもしれません。大変わかりやすい「例え」でもあります。王子様のようだからというだけで、その美の意義を見いだして押し付けているわけではないつもりです。若い女性ファンばかりではなく、長い観劇歴があるファンがいまもって宝塚を支えているのは、宝塚にさまざまな美を見いだしているからではないか、と思います。

宝塚スターとファンという関係は、ほかの芸能界とは違って、交流は遠いようで案外近しいものがあります。規律を守って応援する若い女性たちの姿はメディアでも取り上げられ、ほかと比較されることがあるほどですから。その規律正しさとスターとの温かな交流が、男役の美をより身近にも感じられて、若いファンも、そして中年以降のファンも、心引かれて離れられないのだろう、と想像できます。

実際問題、筆者が編集部に在籍していたころから、スターたちはわざとらしさもなく私たちに優しく接してくれました。もっとわがままを言い、心がついていかなくなるようなことも生じると思っていましたが、それこそオーバーに言えば、常に温かく、イヤな思いは皆無でした。その人間的な美が、男役の美と重なって、女性たちの心をとりこにしていったのだろう、と思えます。

そんなスターたちが、結婚イコール退団という不文律を守っていることも、「宝塚らしい美」につながっているのです。

4 宝塚の「夢」

「夢」とひと言で言っても、意味はいくつかに分かれますが、宝塚の場合は、人間が求めてやまない理想の美のことだと思います。つまり、宝塚では、舞台の空間が総合的に美の世界そのものなのです。

宝塚での舞台美は、宝塚全体の美を凝縮したものであり、宝塚の美というものを、いちばん人々によく伝える〝場〟でもあるわけです。一度でも観劇したことがあれば、宝塚歌劇の舞台作品の二時間半ほどの舞台空間はまったくの異次元だ、という表現を十分に理解できるでしょう。

ステージ上で演じているタカラジェンヌの美、作品の美、音楽の美、みがき上げられた歌、ダンス、演技などの芸術的美が集結し、世界のどこを探してもほかに決してつかまえることができない「夢」を作り出しているのだ、と自信をもっていえます。あのステージ空間が、どのファンにとっても、そのまま「夢の国」へといざなってくれる空間となっていることに異論はないでしょう。宝塚の舞台を見るということは、異次元の「夢の国」に合って、美そのものを堪能することなのです。また、あの空間のなかにいることを願い、タカラジェンヌになる夢をもち、そのために努力する人たちにとっては、それこそ大きな〝導き〟の空間ともなっています。

舞台というのは、宝塚に限らず総合芸術の究極の場です。舞台の美、それは宝塚でも総合芸術であり、タカラジェンヌ一人だけで作り出せるものでは、もちろんありません。舞台装置、音楽、振付……など、多くの人たちの手を借りなければ成り立たないものなのです。つまり、縁の下の力持ち的な人たちがあってこその〝芸術〟誕生でもあるわけです。それらをすべてひっくるめて理解したうえで、やはりスポットライトを浴びるのはタカラジェンヌ現役生徒たちであり、彼女たちがあって成り立つ世界、それが宝塚のステージと称されるものです。当然、それは女性だけが織り成すことができる世界であり、だからこその宝塚の美でもあるのです。

二〇一七年から一八年にかけて、まったく違う世界ではありますが〝大相撲〟の土俵に女性が上がれないのは時代錯誤だというニュースや論議が、マスコミでも取り上げられたことがありました。彼らの世界では、相撲は〝国技〟であり、土俵は神聖なもの、と長い間信じられてきているわけです。それがいかがなものかという論議は、ここでは取り上げずにおきますが、ただあれは、土俵の上には男性だけが立てるものだ、という男女差別的意識から出たものだ、という気がして、舞台芸術の世界とは相いれないものだといえます。

芸術という論点からいえば、日本では歌舞伎が宝塚と比較するのにいちばんわかりやすいかもしれません。何百年という年月を男性だけで演じつづけているのですから、それこそ歌舞伎の舞台の美は男性だけに作れるものということがいえるのでしょう。その点では宝塚と似ていると言えるのではないか、と考えています。そして歌舞伎の美は伝統の美でもあります。

しかし、筆者としては宝塚の舞台の美は異次元のものであり、実際に比べるものなど存在しない、とそう言い切ってしまおうと思います。ほかの存在との〝比較〟などは、まったく考えられないもの、それこそが、宝塚の舞台なのです。そして、宝塚の美なのです。唯一無二だったからこそ、百五年近くの時代の流れのなかを生き延び、そのうえさらに繁栄して現在にいたっているのです。

ほかの舞台も、夢幻を求めていたり異次元を表現しようとしたりしているものもあるでしょうが、そこでの努力や歴史は、宝塚の舞台とはまったく違います。宝塚の美、それも舞台の美について考えるとき、宝塚だけがおりなせる宝塚独特の世界であり、ほかのものの侵入などまったく考えられもしないし、許されないのです。筆者にとっては、それほどの美です。独断と偏見だろうとも、あくまでも宝塚の舞台の美は、百四年以上の歴史と、タカラジェンヌと称される女性たちだけで織り成すことができるものだといいたいのです。

5 男役のスタイルの美

外見の美には、スタイルの美もあり、顔の美もあります。

宝塚の場合〝スタイルの美〟というのは、現役タカラジェンヌの美に大きく関わってきます。筆者の若いころに比べると、そのスタイル、特に男役のスタイルに関してのレベルはずいぶん高くなっていて、それが最近のスターの傾向といえます。タカラジェンヌになるための登竜門である音楽学校の入試でも、これもまた前述したように、まずは〝スタイル〟からという試験方法が採用されているようです。当然スタイルだけではなく、顔の美貌も基準に入っているようではありますが、とにかく最近は最重視する基準は〝スタイル〟ではないかと考えるほどです。つまりは、タカラジェンヌを志すからには、第一関門の〝スタイル〟をクリアしなければ次に進めないというのだ不文律になりつつあるということでしょうか。

筆者からみれば、テーマの宝塚の美を論じるにあたっては、より表現しやすい時代になったともいえるかもしれません。タカラジェンヌのスタイルの美は、間違いなく究極に向かっていっている、と言っても過言ではないでしょう。

宝塚男役というのは、男性の〝性〟を取り除いた、性別を超えた「男」の美の極致なのです。いくら舞台化粧で顔を作れる(?)とはいえ、基本的な美が内在していなければ、美を極めるのは無理なことです。総合的な外見上の美を備えてこその舞台の美となるわけです。

外見の美を考えるとき、タカラジェンヌの場合、人の目にふれるところ、ファンの目の届くところで、その美を崩すことはなかなか許されません。

『ベルばら』では、史上初の漫画の舞台化ということで、外見の美というものに大きな比重が置かれ、それが、上演するうえでの出演者の悩みに転化していったわけです。なにせ漫画の世界を三次元で表現するのですから、それこその美を作り出す苦労というのは想像を絶するものでした。しかし、それはそれまでの宝塚が培ってきた美の歴史、つまりは外見の美を普段から大事にしてきた経緯もあったために結果的に成功への導きになったと考えられます。

『ベルばら』だけでなく、人間の理想の姿、極限の美を描いた漫画の世界の舞台化では、後述するように、韓国の韓流スターの美形たちで描く作品も、十分な再現が可能になっているでしょう。ちなみに、いま人気の2・5次元の舞台に出演している俳優にはここで語る美については感じないので、これ以上は論じません。テレビドラマでは、少女漫画原作の作品は、現在では日本だけでなく韓国でも多く放映されています。しかし、後述するように、日本のドラマというか日本の俳優たちが演じる少女漫画の舞台化(映像化)では、その実力、美で、韓国のそれとは大きな〝開き〟があります。宝塚の外見の美にふれるとき、少女漫画という世界とのコラボをよく考え、そしてよく見れば、自然と女性が演じるべきという答えは浮かび出てくるものだ、と確信しています。韓国のドラマのなかで、宝塚の少女漫画・恋愛漫画の舞台化に匹敵するものを見つけることはかろうじて可能ではありますが、ダントツ、宝塚のほうに軍配を上げられるでしょう。

また、『ベルばら』の世界の舞台化となると、もはや世界中探しても宝塚以外ではできる場所を見つけられないだろう、と思えます。それは、『ベルばら』以降、ファンたちだけでなく、さまざまな世界の人によっても認識され確信されてきている必然なのです。宝塚の外見の美のその意味の大きさには、私たちの想像以上のものがあるのかもしれません。

夢を求め、美を感じるためには、あくまでもまず外見の美ありき、だと思います。それなくして、宝塚の美は存在するはずもないですし、それがあってこその宝塚の現在なのです。外見の美ということは宝塚にとって、それほど重要だと考えます。

そんな考えが自分の根底にあるので、後述するような〝韓流スター〟の美との共通点に気づくことができたのではないか、と思っています。〝スター〟というのは、何においても、多くの人たちから憧れられるものというのは、それこそ美しくなければならないもの、手が届かない宇宙のなかで輝くもの、と考えるのが自然ではないでしょうか。人間の手でつかめずに、その輝きの美だけを見つめつづけるしかない存在。それこそがスターであり、究極の美といえるでしょう。その意味からも、その条件を大いにクリアする宝塚の美、しかも外見の美というものがもつ意義は大きいのです。

6 普段の美

宝塚近辺を普通に歩いているだけでも、タカラジェンヌだとすぐわかってしまうような存在こそが、タカラジェンヌの普段の美です。

タカラジェンヌというと、筆者も幼いころは〝夢の国〟の王子様のように考えていて、現実の人間ではないという思いを抱いていた時期がありました。もちろん、十代の青春時代には実存することはわかっていたのですが、とにかくタカラジェンヌと称される人たちは、普通の人でも、そして一般的な人気者スターでもない、という気持ちをもっていました。人間だとはわかっていても、それこそ現実感のない人間としてとらえていた気がするのです。とてもそばには寄れない、同じ空気は吸えない、といった感覚がどこかに存在していたように思います。〝雲の上の存在〟という表現に近い思いかもしれません。

大学を卒業するまで、そんな思いが消え去ることはなく、何となく近くには寄れないのだ、という気持ちをもったままでした。それが、夢かなっての編集部に入ってから、突然雲の上の人たちと日々同じ空間で過ごすことになりました。それどころか、タカラジェンヌたちと会って話をし、それを記事にし……といった毎日が繰り広げられることになりました。一緒に食事をし、日々の出来事を語り、悩みをしゃべるうちに、自然と〝相手は人間なのだ〟という当たり前の感覚をやっと感じられるようになったわけです。慣れというのは怖いもので、タカラジェンヌたちの気遣い、優しさなどもあって、すぐに自分が彼女たちと同じ立ち位置にいるという状況を把握できましたし、その立場を楽しむ余裕さえ生まれました。それからは、ゆっくり〝タカラジェンヌ〟の〝素〟を見ることも可能になりました。

ときどきは取材で彼女たちの住まいに入ったりすることもありましたし、仕事の合間には、ごく普通の話をすることも多かったのです。自分自身の年齢も彼女たちと近い、あるいは妹のようなものでも、また姉のようなものでもあったので、人によっては遠慮なくさまざまな話題を取り上げてくる人もいました。そうなると、タカラジェンヌがどういう人なのかは、自然と理解できてきます。幼いころ、あるいは学生時代に憧れていた〝雲の上の人〟といった思いは小さくなったにしても、対話しながらも、心のどこかに遠慮、または配慮のようなものがこちら側には存在していました。彼らも人間なのだ、という当たり前の事実がしっかりと自覚できるようになるのにそう時間はかかりませんでしたが、幼いころから憧れの存在だった彼女たちなので、やはりどこかでいつも緊張はしていたのだろうと思います。でも、彼女たちと同じ空間に入ることによって、やっと落ち着いて彼女たちを見ることができるようにもなったというわけです。

さすがに現在では、彼女たちタカラジェンヌを〝雲の上の人〟と思うことはなくなりました。しかし、会うとどこかで昔と同じように緊張している自分に気づいて、苦笑してしまうこともあります。筆者でさえそういう思いをもってしまうほどの、タカラジェンヌの普段の美というものが大きな存在となって迫っていたように思います。タカラジェンヌたちは、単純に肌の美しさから始まって、予想以上の外見にはやはり美を感じずにはいられません。当人たちは、そこまでの自覚はもちろんないとは思いますが、さすがに幼いころの〝思い〟というは、大きく強かったのだろうとあらためていま感じます。

いずれにしても、宝塚の美のなかにあって、普段の美の存在も、大きなものだろうと考えるわけです。普段のタカラジェンヌとしての美を、大切にしていくということも、彼女たちには自然に身についているのでしょう。宝塚の美は、いろいろな美で総合的に成り立っているのだ、ということができます。そのなかで、普段の美は、それこそ飾らないなかでのタカラジェンヌらしい自覚をもった振る舞い、ということがいえるのではないでしょうか。

たぶん彼女たちは、タカラジェンヌというイメージを誰よりも大事にし、さらには誇りに思っているはずです。そのことを教えられたというよりも、自然とタカラジェンヌらしさが彼女たちの日常に刻み込まれ、普段の生活でもそれがそのままにじみ出てくるようになったのではないか、と想像しています。

自分の美ということも大事ですが、タカラジェンヌとしての美そのものを、誰よりも大事にしようと考えているのが、当のタカラジェンヌ本人たちでもあるのでしょう。その思いが、彼女たちに備わって、ファンやほかの人たちの目を引くのではないでしょうか。それが、いやみになってこないのが、タカラジェンヌとしての一つの特徴なのです。ただ、ここで筆者のファン時代、関係者時代などの宝塚の美と現代の宝塚の美を比べてみると、どうしても変化している部分があると感じています。これは、時代の差によるスターのスタイルの「差」がいちばん大きい、といえるかもしれません。つまりは、その部分は明らかに現代のスターとは大きく違っています。そこは仕方がありません。食糧事情や栄養事情、そして生活スタイルの変化など、さまざまな要因が関わっていると考えられるので、同じ宝塚であっても年代でスタイルが変わってくるのはうなずけます。

しかし、〝昭和の男役スター〟の美は、現代のスターたちとは断然違って、大きくリードしている部分があります。それは、それぞれの分野、芸術的な分野である歌唱、ダンス、演技のすべてにわたって〝昭和のスター〟たちのほうが独自性の美に関しては大いに優れていたのではないか、ということです。

筆者がまだ十代の学生のころ、一生の仕事として宝塚を目指すきっかけを作ってくれたのが、いまは亡き上月晃さん、愛称はゴンちゃんです。現在のファンの人たちには認知度でいえばあまり高くないスターかもしれませんが、筆者ぐらいのオールドファンで知らない人はいないでしょう。上月さんの一九六七年夏の『オクラホマ！』が自分の人生を決定したと言っても過言ではなく、死んでも忘れられないスターです。身長も男役としては低いほうで、スタイルの美でいうと現代のスターには及びません。しかし、その芸術の美については、当時から現在のスターまで、追いつける人はいないかもしれないほど、と言うのはオーバーでしょうか。

そのことを考えると、当時の男役の美の基準というのは、現代とはどこか違っていると言えると思います。宝塚の男役の美も時代とともに少しずつ変化はしている、という証拠かもしれません。それを、実感してもいるのです。

ただ、現在の男役の美は、この時代に合わせてというよりも、宝塚の外見の美が進化してのもの、といえるかもしれません。宝塚の美をさらにわかりやすくしているのが、〝現在のスター〟でもあるのでしょうか。

九十周年以降の宝塚の歩みに関しては、現在も宝塚を愛しつづけているファンのほうがくわしいだろう、と想像しています。その時期こそ、本書が主題としている宝塚の美のなかでも男役の美が進化していった時代と言えるかもしれません。トップ男役たちの交替は加速していて、トップとして起用されるスターたちはさらに洗練されてきています。

また現在は、作品的にいうなら、一九七四年初演の『ベルばら』以来の少女漫画舞台化の王道をひた走っているように思えます。少女漫画舞台化というジャンルの地位を引き上げ、その世界を豊かにしつづけています。

最近では、特に二〇一八年初頭に上演された『ポーの一族』（宙組。原作は萩尾望都、小学館、一九七二年―）が大きく評判になりました。さすが少女漫画舞台化の王道を極めている、という思いと安心して見ることができる信頼感を確立してきたといえます。宝塚本来の美と宝塚独自に切り開いてきた漫画舞台化の美については、ほとんど同一の感覚をもってこれからも進んでいくだろう、と思っています。それこそ、宝塚本来の揺るぎがない美といえるのですから。

そんな宝塚のこの先の歩みを、筆者はどれくらいともにできるのだろうか——。

第3章

韓流の美

1 韓流と宝塚——そのファンの相違

韓流スターの美は、この一冊で宝塚と共通する美として取り上げ、宝塚の美と比較できる唯一の存在だと考えます。

宝塚の美と匹敵する対象がこの世に存在するとは想像もしませんでした。なのに、同じとはいわないまでも、そんなありえない美に近い、と思わせられるものがついに出現したのです。

それが「韓流」の男性若手俳優たち（K－POPの男性も含め）だ、というとハテナ？と思われるでしょうか。当初は、それこそ一人よがりの思いかもしれない、と思っていました。しかし、自分以外の韓流を愛する人たちを観察してみると、まず宝塚の客席にいるような年齢と雰囲気をもつ宝塚のオールドファン層の主婦女性たちが、多く目につくことに次第に気づきはじめました。何となく同じ香りをもつ人たちなのです。ということは、韓流ファンも宝塚と同じような美に引かれた女性たち、ということなのではないのかしら、つまり、筆者の感じていたことはさほどへんなことではなく、同じ方向性の考え方をしている人も多いということなのではないか、と思うようになりました。

久しぶりに大劇場の客席を見回してみると、やはり観客の九割は女性たちでした。そして、その女性たちの年齢層が昔よりも高めで、どうみても「韓流ファン」の女性たちと重なってみえました。舞台上の男役たちを見ていると、現在の、同じ方向性の美をもつ「韓流スター」たちが化粧をしてまぎれ込めばほとんどわからないのではないかとさえ思えてきて、われながらあきれてしまう感じでしたが……。同伴者や周囲の人たちに聞いてみても、べつに筆者のように両者に興味をもっているわけでなくても、筆者の意見に反対を唱える人はいませんでした。反対がないことのほうがかえって不思議に思いましたが、それほどこの両者の美は、意識せずとも近似しているのかもしれない、と力強く思ったものでした。

「韓流」といって思い出すのは、ドラマに出演している男性俳優やK－POPといわれる歌手たちではないでしょうか。世界的に人気があるのはK－POPの男性歌手たちでしょうが、筆者はむしろ、韓流ドラマ、という分野こそ、宝塚男役スターの美に近いといえると思っています。化粧をして登場するK－POPにも宝塚と通じるものを感じることはありますが、男性俳優たちには長身で抜群のスタイルと端正なマスクをもつスターがめじろ押しです。とにかく、「あきれてしまうほど」の美がそこにはありました。

あの『冬のソナタ』のヨン様（ぺ・ヨンジュン）以来、中年女性のハートをわしづかみにした、いわゆる「韓流ブーム」なるものが日本を席巻していたのは十五年ほど前でした。当時まったく関心がなかった筆者でさえ、ヨン様といわれる俳優の清潔感と長身は、どこか脳の片隅で認めていたような気がします。

六、七年前から韓流ドラマやＫ－ＰＯＰの美に興味をもって「勉強」していると、男性韓流スター、いわゆるイケメンといわれる人たちが続々と出現してくることに、驚きのあまり声も出ませんでした。申し訳ない言い方ですが、それまで日本の男性俳優たち、芸能人たちには感じなかった美でした。日本の男性芸能人を宝塚の男役と比べたり、同じような雰囲気だなどと感じたことなど、かつては一度もなかったのです。しかし、韓国の男性芸能人は、宝塚の美という基準に限りなく近い人が多い、ということにそのときから直感的に確信しています。

「じゃあ、そのスターたちの名前を挙げろ」といわれれば、待ってましたとばかりにスラスラと名前が出てきます。ソン・スンホン、キム・ヒョンジュン、イ・スヒョク、ソ・ガンジュン、カン・ドンウォン、パク・ヘジン、ソ・ジソプ、ソンフン、チ・チャンウク、チャンミン、ナム・ジュヒョク、ノ・ミヌ、パク・ソジュン、パク・ボゴム、ヒョンビン、ヤン・セジョン、ヨン・ウジン、ジニョン（B1A4）、コン・ユ、キム・ナムギル、イ・ミンホ、イ・ジョンソク、イ・ジュンギ、チョ・ウヌ（ASTRO）など、知らない人にとって誰が誰だかわからないでしょうが、とにかく、十人くらいにしぼろうとしても、どうしても次から次へと出てきてしまいます。そして、そのスターたちを見つめている日本の女性の多くが放つ瞳の光は、宝塚の劇場の客席で夢の世界のなかに漂っている女性たちの瞳の輝きとほとんど同じなのだ、ということも実感としてわかってきました。

また、超二枚目の韓流スターともなると、「結婚」することでその美の輝やきが違うものになっていくように思います。女性の心理としてがっかりするということよりも、その美が誰にもふれられないものと思ってみていたことから生じる心境のようです。そのあたりの心理は、やはり宝塚の美の考えと同義に思えます。

また、前述でほんの少し韓流にふれてみて思ったのは、化粧をした場合の外見的なタカラジェンヌと韓流スターの美の共通点の多さです。日本のある芸能人が、数年前「韓国スターは、男のくせに化粧をして気持ち悪い」とインターネット上に投稿し、多くの人の批判を浴びたことがありました。でも、ひょっとして、同感だと思う人も多かったのかもしれないとは思います。特にK－POPは、見た目も重視しているからか、派手に化粧をしていることも見受けられます。しかし、そんな姿も、宝塚男役スターのようにすてきだなと思えるような美を備えた人が多いのです。

また、韓流についていえば、現在の日本の芸能界のように、テレビがバラエティー化してしまっているような状況と違って、人気はドラマが中心です。それも、息をつかせぬように、次から次へと話題作と新作を登場させることには驚きます。一つひとつをみればそれぞれ難点もあり脚本としての完成度には問題があるかもしれないにしても、それなりの魅力と若手俳優の完璧なまでの美を強引なまでに押し出してくるやり方に目が離せません。そのやり方がきっかけで若手スターたちが次から次へと生まれてくる、といった「韓流」ならではの環境となって、変わらぬ「韓流ブーム」を作り出していっているように思います。実力でもスター性でも、衰退しているように見える日本のドラマ界では考えられないほど、その魅力は大きいです。

とにもかくにも、「韓流」の美というものに心引かれて以来、半世紀にわたって宝塚の美を基本に仕事をしてきた立場の側の人間にとっては、驚きと発見の連続でした。本章では「美しき男性韓流スター」を何人か取り上げていきますが、まず筆者が考える「韓流」の美を説明しておきます。はてさてどれだけの方々が筆者の美の持論に賛同してくださるでしょうか。

いま、韓国のドラマは、あの「ヨン様」が日本に韓流ブームをもたらした時代よりも、さらに内容と質、そして俳優の美しさともに、数段上をいっていると表現してもさしつかえないでしょう。K－POPの歌手たちのなかにも、俳優として活躍しているスターも存在していますが、それはやはり、その選ばれた美によるところが大きいです。

日本では、イケメンはカッコイイとイコールの図式になっていますが、韓国スターの美は「イケメン」という表現だけでは十分に伝えきれません。いまの日本の芸能界にも「カッコイイ」「イケメン」のひと言であれば何とか許容される人がいないことはありませんが、「韓流スター」たちは、その程度の表現には収まりきらない美をもっています。

男性韓流スターは次から次へと出現していて、オーバーではなく戸惑うほどの美の所有者も、驚くほどの数になってきています。そして、そこには「夢の世界」と評される宝塚の男役たちにも共通するものをみることができるのです。どうみても、どう考えても、その美には明らかな共通点を感じて仕方がないのです。前述したように、宝塚のファン層と、韓流、特にドラマに出演している若手俳優たちに寄り添う日本のファンたちは、そのなかに入ってみると、年齢や熱気、それらすべてを合わせた雰囲気などが似通っているように感じます。

特に最近、このように両者の研究（？）に心を奪われているために、劇場に行っても、ホールでの多くの女性たちの言葉などに注意を向けることが多くなっているのです。そんな会話のなかで、自分自身が意識しているからか、というよりも気にしすぎているからか、宝塚ファンのなかでも韓流スターの話が、また反対に、韓流ファンの会話のなかでも多くの宝塚スターたちの名前が飛び交っている、ということに気づくようになりました。どちらが好き、どちらが嫌い、ということではなく、やはり、どちらかに比重は置いていても、どちらも好き、という雰囲気なのです。

それこそ〝わが意を得たり〟そのものの心境でもありました。それは韓国の内部でのファンとは一線を画する現象といえるのです。その基本は、どちらにも若い人たちのファン軍団ももちろん存在していますが、どうもファンの中心になっているのは中年といわれる女性たちなのです。

宝塚の場合は、若いころからの長年のファンや、家族ぐるみ、世代続きのファンが中心なので、中年女性がすべてではありません。しかし、やはり現在の宝塚を支えているのは、そういった年代の女性だということについては異論は挟めないでしょう。

相対する「韓流」の男性スターたちも同じようなファン層をもっています。Ｋ－ＰＯＰを支えるのと同じ十代・二十代の若いファンも当然多くいますが、韓流男性俳優たちの場合、このブームの火付け役でもある、あの『冬のソナタ』のヨン様のように、ファン層は四十代前後以上の女性と考えています。筆者はいま人気の俳優たち（韓国）の周りの人たちをよく観察できるチャンスが多いのですが、どのスターのファンたちも、中心はやはりこの年代の女性たちです。長い間、宝塚の世界のなかで生きてきた人間にとって、そこには同じにおいを感じとることができます。実際、韓流ファンのなかのオバサマには、やはり宝塚好きも多いということはよく耳にしました。

さて、筆者が主張したいのは、タカラジェンヌ（特に男役）にも韓流スターにも、日本の男性俳優スターたちより透明な美がその基本にあるということです。そしてそれが中年の女性たちに日本では共通しているということ、それは、「イケメン」といわれる日本の表現方法や基準とは、根本的に違っている美です。その美は、「化粧」をしていようといまいと関係ありません。つまりは、人間くさくないということかもしれません。次元が違う存在であるかのような美、そう理解すれば、とてもわかりやすいのではないでしょうか。

2 「2・5次元」と、韓流と宝塚の美の相違についての考察

そこで宝塚の『ベルばら』から始まった、現在の「2・5次元」のステージについて考えてみると、韓流のドラマでも、ステージではないにしても「2・5次元」の世界を取り上げて次々とヒットを飛ばしています。この「2・5次元」という言葉自体、中・高年にはなじみが薄いかもしれませんが、現在では一つの分野として十分成立しているものです。漫画やゲームの映像化ではなく、舞台化と簡単に考えてもらえばいいでしょうが、この世界についての美を取り上げるのは後述することにします。それこそ、宝塚によってまず表現され大成功を収めたあの『ベルばら』の世界を思い起こせばピッタリくるでしょう。四十年以上前、宝塚にとっても大きな冒険であり大変な決断だった少女漫画の史上初の舞台化として、日本中の話題になった『ベルばら』。それは予想以上、というよりも爆発的な大成功を収め、それまで少し低迷ぎみだった宝塚にとって、大きな光と救いの手になりました。もともと、宝塚のために書かれたのではないか、とファンの間でも有名だった『ベルばら』でもあったので、その舞台の成功はファンの間では当然のことと受け止められましたが、実に画期的なものだったのです。

『ベルばら』以後、宝塚では多くの漫画原作の舞台が次から次へと上演され、もはや「宝塚的2・5次元」の世界は当たり前のものともなりました。ただ、『ベルばら』が宝塚で成功を収めたとはいえ、ほかの舞台、ほかの世界では、まったく手に負えないようで、当時は「2・5次元」の世界が、宝塚以外で育っていく現象はなかなかみられませんでした。しかし現在は、その「2・5次元」の世界も認知され、出演者たちも人気を博していると耳にします。しかし、2・5次元の世界のステージも多く見ましたが、宝塚・韓流ファンとはまた違うファン層のように感じました。「韓流」のドラマの場合も、日本の漫画原作のものが出現し、人気を博していったという経過がありました。実は、それらの漫画のドラマ化は、まず日本で実現されはしましたが、筆者にはまったくよさが感じられませんでした。

例えば『花より男子』（原作は一九九二―二〇〇四年、集英社。日本のドラマ版はＴＢＳ系、二〇〇五年。韓国のドラマ版は二〇〇九年）をみると、日本版では本来の漫画の世界の人物とは、かなりかけ離れた人物たちが登場していました。それなりに、出演者たちは人気があったようですが……。

しかし、筆者がたまたま目にした韓国の実写化では、日本とは反対に、まさに漫画の世界の具像化に成功したような登場人物ばかりでした。『冬のソナタ』の透明な美しさが日本で大きな話題になったあとのこの作品の出現が、「韓流」を美の象徴として表現できるものに変化させた気がします。原作の漫画では、登場人物は若くてお金持ちで、そしてあくまでも外見の美を兼ね備えた「超美形男子」として描かれています。その条件がピッタリ忠実に表現されていることが、何よりも大切なことだと思いますし、それこそ、ほかのあらゆることに目をつぶってでも守らなければならない部分でもあったでしょう。その単純な条件を文句なくクリアしていたのは間違いなく「韓流」ドラマだったわけです。

だから、日本の漫画の「２・５次元」の美の表現を忠実に再現できるのは、男性俳優たちの場合は「韓流」のほうと断言します。これこそ個人的意見でしかないのですが、韓流というものをよく知っている人には、ファンだろうとなかろうと、納得していただけるものと思います。といっても、ただ単に日本の男性スターを排除しているのではなく、宝塚の美に関してということになれば、日本のドラマはまったく違うもので、演者の男性もそうではないか、ということが出発点であり筆者の感覚です。

長い間、宝塚スターの美だけを信じてその世界こそ最高、という思いをもって過ごしてきました。そして、日本の男性俳優たちと比べるなどということ、ましてやそこに共通の美を見つけるなどということは、まったく考えたことも感じたこともなかったのです。韓流との出合いは、筆者にとっては、まさに個人的で奇跡的な発見でした。そして身近にいる「韓流ファン」と称される友人たちも、筆者とまったく同じ意見を述べています。そこから発生して、日本男性と韓国男性の俳優の骨格の違いや〝顔面偏差値〟を含めた見た目の落差が……といった話題にまで話は及ぶのですから、面白さも二重奏になります。

いずれにしても、宝塚男役の美と韓国男性俳優たちの美には大きな共通点があり、その共通点が中年女性を中心に多くの人に広く魅力を感じさせてくれているのです。タカラジェンヌのほうは、まさに夢の王子様的美であり、一方で韓流スターの美は、現実の世界のなかで人間を描いていきながらも、そのうえで外見上の宝塚的な非現実的美があるということなのでしょう。

なかでも、特に宝塚の男役に匹敵するだろうと思えるスターをピックアップしてみます。美男子で長身という条件に合うスターはまだまだほかにもいますが、既婚者は除外しています。

それぞれの名前と顔がすぐわかる方はよほどの「韓流通」といえましょう。ほとんどが、二十代から三十代にかけてのいわば「男盛り」と称される人たちです。モデル出身の人もいて、九九％のスターたちが身長百八十センチ前後です。もちろん文句なく美男子でもあります。文字で表すために二、三十人の主演スター級の俳優たちと会って、人となりと外見の美を詳細に見て研究した結果でもあることを付け加えます。

彼らは、いろいろなタイプのイケメン（美男子）であり、同時に演技者という名にふさわしい「実力」も兼ね備えているのです。その外見の美だけではなく、その演技力、つまりは芸能人としての「実力」が、日本のそれとは比にならないのです。俳優なのですから当然、その役柄の人物になりきるというのは当たり前です。とはいいながら、日本の若手となると、滑舌もはっきりせず、何を言っているか聞き取りづらい方も多々います。韓流スターには、若手でもそういう心配をすることはまずないでしょう。実力がない俳優は、すぐにネットなどでたたかれ、芸能界から締め出されるか、たたかれたことで非常に努力して、次回作でかなりの成長を遂げるかのどちらかではないか、と感じています。とにかく、単にスタイルとルックスだけで俳優としてどんどん出世していくということはまず考えられません。

そのなかでも、筆者が美を感じるのは、すなわち、宝塚の「男役」という存在にあまりにも近しいと感じているのは、キム・ヒョンジュン（SS501）、パク・ヘジン、ソンフン、チャンミン（東方神起）、ナム・ジュヒョク、ソ・ガンジュン、ソン・スンホン、キム・スヒョク、ヒョンビン、ジニョン（B1A4）、チョ・ウヌ（ASTRO）などです。

そんな韓流スターのその実力たる演技力についても述べてみます。

ここ数年、若手俳優として活躍する人のなかには、いわゆるK－POPのグループに所属しながらドラマにも出演している人も多くいます。例えば、キム・ヒョンジュン（SS501）、ジニョン（B1A4）、チョ・ウヌ（ASTRO）などが挙げられるでしょう。特に二〇一七年あたりからその傾向が強く、一つひとつのK－POPグループのなかでも、やはり特出した美男子、スタイルをもつ男性が俳優としても大活躍しています。

彼らが出演しているドラマは、いわゆるラブ・コメディーといわれるものが多く、そういった題材が好まれ、ヒットすることが彼らの活躍の理由とも思えます。日本でも、最近は彼らが出ているドラマが地上波で放映され大人気になっています。一時は、韓流ドラマのテレビ放送は、地上波ではひかえられていたようですが、いまは徐々にそれが解かれてきているようです。この、いわゆるラブ・コメといわれる分野で、韓流ドラマと肩を並べられる美も備えたドラマは日本にはないと感じています。

なかには、ドラマの筋立てとして舞台衣装のような装いで登場したスターもあり、その姿はまさに舞台上の男役そのもので、筆者自身が目を見張るほどの美形でした。そこまでの想像はしていなかったので、まさに唖然としました。

3 ドラマの美

最近、日本で「韓流ドラマ」として人気が高くなってきた作品のなかに、「タイムスリップ」系があります。特に、最近日本の大手新聞でも大きく一面に広告された『トッケビ――君がくれた愛しい日々』(二〇一七年)は、その代表といえるでしょう。高麗最強の武士が死ぬことができず、千年以上も経て現代を生きていく姿と、同じく現在に存在している〝死神〟との友情、そして、現在を生きる若い学生との恋模様、というそう複雑ではないストーリーなのですが、主役やそれを取り巻く人物像が魅力的なうえに、俳優の名演技で本国では大変な視聴率をとったといわれている作品です。

二〇一七年からの大ヒットドラマは、前述した「タイムスリップ」系ドラマとして『トッケビ』以外に『星から来たあなた』(二〇一三―一四年)、『麗〈レイ〉――花萌ゆる8人の皇子たち』(二〇一六年。以下、『麗』と略記)、『ハベクの新婦』(二〇一七年)などがあります。

また、ラブ・コメとしても『じれったいロマンス』(二〇一七年)、『シンデレラと四人の騎士〈ナイト〉』(二〇一六年)、『あやしいパートナー――Destiny Lovers』(二〇一七年)、『マン・ツー・マン――君だけのボディーガード』(二〇一七年)、『雲が描いた月明り』(二〇一六年)など、日本でのヒット作は数え上げたらキリがないほどです。

このなかには、二〇一七年から一八年にかけて地上波で放映された『麗』をはじめ、いま、人気・実力、そして美を兼ね備えた人気俳優たちが主役を務めるものばかりです。特に現実的ではない「タイムスリップ」系ドラマは、その主役のほとんどが大スターになっていっています。次から次へとドラマがヒットし、「美男子」たちがどんどんスターになっていくという図式が、いまの「韓流ドラマ」にはあります。

なかでも筆者が韓流ドラマに心を引かれているいちばんの理由は、その内容がとても宝塚的だ、ということです。「タイムスリップ」系ドラマだろうと「ラブコメ」といわれる内容だろうと、役柄の設定や人物の雰囲気がそれこそ各組の男役・娘役にピッタリ当てはまるものが多いのです。「タイムスリップ」系では、『トッケビ』『星から来たあなた』『麗』そして『ハベクの新婦』などがあげられるでしょう。一つひとつの作品が主役に超人気美男子俳優を配し、周囲にこれまた同様のクラスのスターを配していることが、心引かれる要因となっています。当然、女性主役はかわいく美しいのが前提条件です。

また、ラブコメでも『ドクターズ――恋する気持ち』(二〇一六年)、『恋のゴールドメダル――僕が恋したキム・ボクジュ』(二〇一六―一七年)、『じれったいロマンス』『シンデレラと四人の騎士〈ナイト〉』『マン・ツー・マン』など、次から次へと同じタイプが出てきます。そして、後者の代表選手は『雲が描いた月明り』(二〇一六年)でしょう。日本の地上波で放映されるやいなや、主役級の男性三人（特に主役のパク・ボゴム）の人気はあっという間に広がりました。

筆者が心引かれるのは、主役級、特に男性俳優の美と演技力です。それが、単純な筋書きではあっても、脚本の面白さに加えて、幅広い女性たちの心をつかまえて離さないのだ、と容易に想像できます。そこが、やはり宝塚男役と娘役の図式にピッタリと当てはまるのです。これらの作品を宝塚の世界で脚色して演じてみたら、その魅力は倍増するにちがいありません。

「韓流ドラマ」といえば、愛憎劇、ホームドラマなど、さまざまなジャンルが愛され、それぞれ評判を呼んできましたが、ここ最近では若手俳優がその人気と実力を証明する場として、前述した分野のドラマが韓国でも大変な成功を収めているようです。そして日本でも時代物か現代物にかかわらず、「タイムスリップ」系や「ラブコメ」系がやはり愛されてるようです。韓流スター、特に男性スターの美の実力と努力が、いまの結果を生み出しているのです。

韓国の俳優は、その演技力だけをみても日本の俳優たちが及びもつかない力をもっています。民族性で終わらせられてしまう気もしますが、韓国俳優のその演技力には舌を巻きます。そう感じるのは日本では当たり前ではないからなのかもしれません。

そして、そんな実力をもつ韓流スターたちを配した人気韓流ドラマから感じる美は、何にしてもとにかく宝塚の舞台にピッタリ当てはまり、そこでもやはり共通点がある美を感じるだろうと思っています。美を基本に、あくまでも美しく、どこか現実味が薄いといったところが、まさに共通項といえるのではないでしょうか。

以前宝塚では、「韓流ブーム」の発端ともなったペ・ヨンジュン主演の『太王四神記《だいおうしじんき》』（二〇〇七年。舞台は花組、二〇〇九年）やソン・スンホン主演の『Dr.JIN』（二〇一二年。日本のドラマ版は『ＪＩＮ――仁』ＴＢＳ系、二〇〇九年）などを舞台化していますが、さほど大きな話題にはならなかったようです。それは、この二者の美に関する共通項と作品に齟齬を生じていたからにほかならない、と思っています。夢の世界が宝塚なのですから、作品自体も夢のあることが基本です。前述したような「タイムスリップ」系ドラマなど、ここ数年で人々の心をとらえた作品こそ、宝塚のあの夢の舞台ではさらに生き生きと表現できると信じています。またラブコメといわれる分野でも、間違いなく宝塚向きであり、宝塚の舞台にのせれば、さらにいいものになるだろう、と考えられる作品も多いです。専門家に、同じ考えの方がいるとうれしいところです。

『ベルばら』の大成功で、漫画の世界表現で多くの成功を収めた宝塚。その宝塚にしかなしえないこととして、韓国でも日本でも大人気となった作品を、その美をもって成功に導いてほしい、と願っているのです。二つの美の世界が一つになることで、さらに人々に夢をみさせてほしいのです。それこそが、長い間宝塚をいろいろに愛し、常に近くにいることができた自分の願いです。前述した作品がどれか一つでも宝塚の舞台にのれば、成功は間違いないと思うのですが……。

最近、またワクワクすることが多くなってきているのも、一つには「韓流」というものを知って、それを勉強してきたからです。そのことの幸運を書いてみたい、という思いも、本書の原動力になりました。前述した韓流「超美男子」スターたちが、どのように男役の美に近づいているかということに、多くの人たちがどんどん気づいていてくれることを願っています。

4 韓流への思い

前述したような、現在どんどん成長して人気を博している韓流スターたち。その美男子ぶりは、ここまでにもふれて表してきました。しかし、韓流スターとして名前を挙げたスター以外にも、たくさんの美を満たす美男子たちは存在していて、これからも多く生まれてくるでしょうし、宝塚的な作品もたくさん世に出て人気を博することでしょう。

また韓流スターの「超美男子」ぶりも、これからも増殖しつづけるという確信をもっている筆者としては、これからどれほどの「超美男子」スターが出現してくれるのかが楽しみの一つになっています。ここ一、二年、日本の地上波での「韓国ドラマ」の進出は大きくなっていますし、前述した超人気ドラマの地上波放送によって、あっという間にステキな「超美男子」スターたちが日本での人気を獲得していっています。

一方、その美とは関係なく、困ったもので、国同士の思惑や利益、威信などのさまざまな感情のなかで両国の関係は暗中模索状態です。悪材料が出ることによって、政治だけでなくさまざまな分野に影響が出るのではないか、と不安になってしまいます。ただ、とにかくも宝塚の美と韓国の美自体に、それが大いなる影響を及ぼすという心配はしていないし、そこまでの「怖れ」を抱く必要もないだろうとも思っています。

前述したように、宝塚は、さまざまな時代背景を生き抜き、現在は変わらない姿で大いに盛り上がっています。「韓流」はまだまだ日本での歴史は浅いのですが、人々の美への思いや芸術への「心」さえ変化しなければ、二つの美の世界への評価や「思い」もそう変わらずに生きつづけるのではないかと考えています。

この時期に次から次へと「韓流スター」が出現し、その美に接するチャンスが与えられている「いま」を幸運ととらえようと思っているのです。長い間の「付き合い」になった宝塚の、その美との比較もできることは、何よりも幸いなことです。本書によって少しでも多くの人たちが、宝塚ファンだろうと韓流ファンだろうと、互いに関心をもって、互いの美のことも見つめていってほしいものです。

筆者には、「韓流ドラマ」の、いってみれば「宝塚化」があっという間に進んでいたという思いが大きいです。ただし、韓国の人たちは宝塚を知らない人が多い、という現状もあります。そのことを考えてみると、べつに意識しての「宝塚化」ではないことは、さすがに理解できます。だからよけいにすごいことだ、と実感しています。

ひょっとして、宝塚自体は「韓流」というものの〝どこか〟に近しさを感じているかもしれません。『太王四神記』『Dr.JIN』などが宝塚でも上演されていることから推察できるように、現在模索中なのか、とさえ考えています。ただ、これからは、もし韓流の作品を取り上げるならば、宝塚のいままでの作品に近いものを選んでいくべきでしょう。それこそが、前述したラブコメであり「タイムスリップ」系のドラマだと信じています。

「韓流ドラマ」ブームの幕を切って落とした『冬のソナタ』がその分類のなかに入るかというと、それは「ノー」です。『冬のソナタ』に筆者が心引かれなかったのは、宝塚にとってまだ何か足りないと感じていたからなのです。

それから五、六年、まったく「韓流」には関心ももたずにいましたが、再び「韓流」ブームの波が押し寄せた時期は、そのなかでどんどん男性スターの美がクローズアップされ、実力も上がっていったことで、自分の美の条件を大きくクリアしていったことが、筆者にとっては大きな転換期となったのです。

男性の美が宝塚の美にまさか匹敵するだろうなどということは、想像もしていなかったのです。そんな奥底にある気持ちとは裏腹に、「韓流」の美はどんどん宝塚男役の美に近づいていきました。それは最初、あくまでも「似ている」というヤンワリとした思いだったのですが、いまになると、「似ている」というあいまいな表現ではおさまらなくなってきています。それが、本書で「韓流」

の美を正面から見すえてみよう、と考えたそもそもの発端です。何げなく感じていたものが確信へと変わっていくのにそう時間はかかりませんでした。宝塚の美が、筆者にとって究極の美と単純にとらえるならば、その〝恋敵〟的存在が韓国の美と言ってみましょうか。

現在、というより、ここ数年、さらに「韓流ブーム」はそのすそ野を広げていっているように思います。これからも両者のファンは増えつづけていくだろうと容易に想像できますし、ふくらんでいけばいくほど、その美の考え方がどう変化するのか、楽しみでもあるのです。

ちょうど二〇一八年春ごろ、雑誌などで大きく「韓流スター」「韓流ドラマ」が取り上げられ、記事になっているのを目にしました。韓国との国家間情勢もまだまだいろいろと複雑な時勢です。そんな時代背景のなかで、大きく「韓流ドラマ」を扱い「韓流スター」にスポットライトを当てるマスコミが出てきたということは、やはり「韓流スター」への興味と期待度が大きく、無視できなくなってきた、という背景があるのでしょう。

「韓流」がずっと生き延びてくることに寄与したのは、インターネットがもつ力が大きいといっていいでしょう。どんなことも瞬時に目にすることができ、すぐに拡散できるという「すごさ」のたまものではないでしょうか。現代のようにインターネットによるニュースの広がり、手に入れられる情報量の多さは、考えられないほどです。そんな社会で美へのこだわりが、はたして受け入れられるかどうかは微妙なところであり、心配な部分でもあります。

ここ二、三年の「韓流ドラマ」は、前述したように少々現実味がないものが大ヒットを飛ばすという傾向もあって、次第に宝塚の美に近づいてきているというのが、概略すると本書の結論といえるのかもしれません。しかし、「韓流ドラマ」のすべてが宝塚の美と近似値だということではないのです。似ているのは、いわゆる現実味が少ないもの、恋愛物などの分野に限られているのです。また、その美に匹敵するスターが、韓流スターのすべてなわけでもないのです。たくさんの「韓流スター」を見てきて考えてみると、そこはやはり「男」性という性をもっている人たちであって、私生活となるとファンとの約束をある程度守ってその夢をこわさないように生きている宝塚の美とは、どうしても根本的に違っていて、それこそさまざまな男の「性」の問題が露呈していますす。やはりそれこそ、生きている人間であり男なのだ、といえば仕方がないとも思っています。そのあたりが、重ねて言いますが宝塚の美との根本的な違いだと認識しています。ただ、筆者としては、宝塚の美、そして韓国スターの美は、単にその外見や透明感がある雰囲気が似ているのだ、と割り切っています。

とにかく、間違いなくその美は存在し、これからも生きていくはずです。宝塚ファンと韓流ファン、いわゆる二股をかけている人は想像以上に多いでしょう。それが共通する美のためだと、声を大にして変わらず言いつづけたいと思います。いまも、韓流ドラマやＫ－ＰＯＰによって「韓流ブーム」が再燃しているといわれているのです。第一次ブームの折にはそれほど危機感を覚えていなかったのか、のんびりとわが道を進んでいた日本の芸能界にも、少しでも「韓流スター」に近づくような男性スターを、という焦りが出てきたようにも感じます。ここ一、二年の若手スター（日本）をみていると、その「焦り」をしっかりと感じることができます。しかし、どうみても「韓流スター」の美には追いつかないのです。それこそ、異質のものといってもいいかもしれません。いままでふれてきた外見の美というのは、努力などではどうしようもない世界なのです。なぜ、日本でなく韓国のスターなのだと問われても、明快な答えはもっていません。しかし、現実がそうなのは間違いないことだと主張することはできます。

さまざまな方法で代表的な「韓流スター」と目線を合わせて話をするチャンスがありました。ただし、コミュニケーションは言葉の壁によって阻まれましたし、十分にこちらの意図などを伝えることは不可能でした。晩年になって、宝塚の美を再認識し、確信をもたせてくれた「韓流スター」たちに、心からのお礼を述べたいと感じています。

前述したベテランから新人までのスターの名前はごく一部です。極端にいえば、日々新しい「ステキ」な美が誕生しているのです。次から次へと「美しい」男性俳優陣が誕生している状況に、いまでもまさに啞然としてしまいます。

5 韓流の日本風土とマスコミの対応

二〇一七年春、ある女性週刊誌が前述した韓流のベテランと新人スターたちの写真特集を掲載しました。それまでは、東方神起、BIGBANGなどだけ、という取り扱い方をしていた週刊誌が、やっと韓流男性の美に気づきはじめたのでしょうか。そう勝手に解釈していましたが、載っていたスターは、まだまだほんの一部、数人だけであり、はてさてこれらの注目がどこまで続いていくだろうか、と疑い半分、興味半分の状態でした。でも、ここ最近、また韓流スターの美に社会が注目しはじめたという確信が生まれました。

さらには、元テニスプレイヤーとして有名な松岡修造さんの娘が宝塚合格を果たしたというニュースも、ちょうど同時期にありました。二つの相反する世界、しかもそれぞれ違う分野でのその美の共通点、真の意味の「美しさ」を、少しでも多くの人に認識していただければという思いがさらに大きくふくらんできている現在です。

ただ、一度韓流スターに直接質問したときの答えは少々気になっています。宝塚歌劇というものを知ってますか、という筆者の問いに、「まったく知らない、何のことかわからない」と申し訳なさも込めてそう答えたのです。このことはショックでした。少なくとも、日本の芸能のなかでは、反対に「韓流」を知らないという答えはないと考えるからです。さらにそのスターが「宝塚というのは何でしょうか？」と言ったのには驚いて、「ヘッ？」と思わず声に出したほど（小さい声でしたが）でした。

そこには国は違っても、同じ芸能の世界のはずなのだから存在は知っていて当然と思っていた筆者がいたわけです。たしか、宝塚自体、韓国で公演もしたことがあったはずですが……。歌舞伎であれば、日本の至宝といった形容で常に表現されていて知らない人はいないのに、ということもフッと頭をよぎったわけでした。

筆者は常々、宝塚歌劇というのは百四年以上の歴史も含めて、そろそろ歌舞伎と同等に日本の宝と表現し、扱われてもおかしくないと考えているので、現代でも韓国で宝塚の存在を知らないまま芸能界に存在している人がいることは残念というよりも悲しいです。

しかし、美の対象として比較したいと思っていた韓流スターが、その宝塚を知らないということが大いに意外であり落胆したことは間違いなくても、美としての二つの世界の類似に関しての考えに変化はありません。宝塚歌劇の美は、世界的ではないにしても、至宝と称しても違和感はないと思います。そして、その宝塚の男役の燕尾服の美こそ美の究極だというのは、筆者の主張の主軸です。韓国の男性スターたちの美も、まさにその、この世には存在しそうにない美という点で大いに共通しているのです。

この両者の美は、燕尾服姿を象徴と考えれば、わかりやすいと思っています。これまでは宝塚の男役だけにしか似合わないと思っていた燕尾服姿でしたが、ここにきて韓流男性スターたちのなかにピッタリくる人がいるということがわかってきたというのが、それこそ共通の美だ、という主張の根拠たるものです。

宝塚の男役を中心に考えてみると、宝塚は特殊な世界といわれるように、独身女性ばかりの集団という不文律が百四年以上も厳然と存在するわけです。また、現役タカラジェンヌは、なるべく周囲に「男性」の存在を感じさせない、横に置かない、というクセ(?)をつけておくことも、裏の不文律となっていまでも続いているのです。男役となると、オフの日でももちろん稽古の日でも、スカートをはくことは意識的に避けているというのが現実です。それは当然、ファンの人たちの夢をこわさないことが、あくまでもその目的なのです。

それくらい、男役としてのイメージ、カッコよさを大事にしていた宝塚だからこそ、百四年以上もの間、その美が頂点を極めつづけることができたのだといえるでしょう。

対して、男性である韓流スターたちには、宝塚の男役としての論理は当てはまらないでしょう。しかし、基本的に中年女性たちが韓流に求めているものは、やはり「男性の美」とは少し違っていると考えています。

宝塚ファンの女性たちのその心理と韓国スターに対するファンの思いは、すべてが同じというわけではないにしても、その美への「心の寄せ方」は相似形を形作っていると思うのです。

やはり「結婚」といった現実的な出来事があると、誰にもふれることができない「美」という究極の美が違う形になってしまい、そしてその美への憧れは、日本のそれよりは比較にならないほど大きいともいえるでしょう。

また、最近よく耳にするのは、「宝塚の男役のポートレートは、ときとしてK－POPの男性たちと間違うようなものがある」という言葉です。これは、いい意味にもまた違う意味にもとらえることができます。それは、特にK－POPといわれる若手の韓流男性陣と比べての言葉のようです。

実際、数年前の一時期、宝塚媒体の出版物の写真に映る男役たちのなかに、韓流の男性スターたちと相似形をなしていると思える人を見ることがありました。そのことが、多くの宝塚ファンの方々にどう受け入れられどう評価されていたかは、はっきりとはわかりません。しかし、明らかに拒否反応もありました。

筆者自身、K－POPといわれるものに偏見も何も抱いておらず、むしろ好意的に思っていた時期でもあったので、その折にも、さほどの悪い印象は抱いてはいませんでした。

しかし、宝塚ファンにとってみれば、筆者のように美が共通しているなどという〝とらえ方〟をしているわけではないので、そういった反応もあったのだと思います。ただ、筆者にとっては、美の共通項の証明という感じで、かえって喜ばしいとさえ思っている部分もありました。現在は、昔の表紙の撮影法に戻っているようですが、さて、どうでしょうか。賛否の声がひょっとして裏で闘わされていたのかもしれない、と勝手な想像をしています。

マスコミでも、このころに「宝塚の男役のカッコよさ、化粧法は、K－POPなどの韓流スターに共通するものがある」という声もありました。外見上は薄化粧であってもそれは化粧の仕方であり、スターたちが撮られる雰囲気とでもいうものに宝塚ファンは敏感に反応したのだ、と考えています。少しずつそういう「目」が多くなって、美に対する思いをふくらませていければという期待をもった、というのが正直なところです。ただ、そのころ考え予想していたよりも、現在は期待度のテンションは少し下がってきているようにも思えます。やはり韓流スターと宝塚男役が比べられることには大いに抵抗感をもってしまう、ということもあるのでしょう。しかし、こうした意見にある程度同調してくださる方も多数いることも知っています。

さらに重要なのが、筆者にとって韓流男性スターの美は、あくまでもその透明感と男女の性別を超えたところにあるのであって、現実の男性としてはとらえていないということです。男女の性別などは切り捨てて、極端にいえば「この世のものではない人たち」とでも考えていただければ話が進めやすいです。

ただ、ひと言付け加えると、若い女性たちの間を中心に浸透してきている「2・5次元」の世界の人物といわれる人たちとは、これまた違うのです。そのことは、区別しないといけないでしょう。しつこくいえば、「性別を超えている」という筆者の表現とはまた違うのが2・5次元といわれる世界の登場人物たちなのです。

思えば、2・5次元の先駆けともいえる作品は、やはり宝塚の『ベルサイユのばら』でしょう。

ただ、当時は2・5次元という概念がなかったので、『ベルばら』大成功について現在の2・5次元ブームのように議論する機会などももちろんありませんでした。また、現在の2・5次元の舞台と宝塚の『ベルばら』は、同じ2・5次元といっても、美については別物と考えています。それを前提として、2・5次元についてもふれてみます。

2・5次元の舞台が現在のような人気になったのは、『テニスの王子様』の舞台がキッカケといってもいいのではないでしょうか。『テニスの王子様』とは、「週刊少年ジャンプ」(許斐剛、集英社)で、一九九九年から二〇〇八年まで連載されていた漫画です。〇九年からは『新テニスの王子様』が「ジャンプスクエア」(集英社)で連載されています。通称の『テニプリ』としたほうが、もしかしたらわかりやすいのかもしれません。

『テニプリ』は、二〇〇三年四月に最初の舞台が公演されました。はじめは舞台の認知度が低く、初日は客席が半分以上埋まらなかったといいます。しかし、その後は口コミなどが広がったこともあって、客数を増やしていきました。千秋楽では立ち見客も現れるほどの人気舞台になったのです。

筆者は『テニプリ』を一度観劇しましたが、とにかくここでも女性の熱気がすさまじかったというのが印象です。舞台では原作漫画をもとにした脚本、歌やダンスが加わっていました。キャラクターに扮した俳優が客席に下りると会場に割れんばかりの歓声が加わり、劇場内はものすごい歓声と悲鳴にも似たような声であふれましたが、劇場内がステージの世界と一体となっていることは宝塚や韓流とさほど変わらないな、とも感じたのです。

　この『テニプリ』から始まったともいえる2・5次元の舞台は、いまではほかの作品も含めて大変な数の作品が上演されています。二〇一八年は『刀剣乱舞』が有名で、そのキャラに扮した俳優も人気だと聞きます。しかし、その前には「歴女ブーム」がありました。「戦国BASARA」など、武将がキャラクターとなって登場するゲームが一大ブームになり、その舞台も公演されています。ちなみに、ご存じのとおり、この「戦国BASARA」は宝塚でも公演されました。

　現在も続いているこの2・5次元ブームは、宝塚の美とは別物だとしても、その根底にある女性が求めているものは同じなのではないかと感じるときがあります。現実ではありえない、漫画やゲームなどの2次元でしか表現できないもの、そこに見いだすそれぞれの「理想」が、2・5次元として眼前に舞い降りるという現象、それが世の女性たちの心をわしづかみにしているとはいえないでしょうか。現実ではない理想の世界、それを追い求める女性が多いのかもしれない、とも思っています。

6
ピックアップ韓流スター十人

当初、宝塚の現在のいわゆるカッコイイ男役たち一人ひとりと、現在人気の韓流男性スターたちを取り上げてみたいと思ったのですが、それこそ枚挙にいとまがないと気がつきました。ジェンダーをあまり重要視せず、美しい人たち――というのがここでの趣旨なのです。とにもかくにも、ただ単純に宝塚スター（男役）と韓流スター（男性）の美の共通点をどうしても表現してみたいのです。

美に対する感情、人間に対する思いは、受け取り方、感情の出し方などにそれぞれの差があって当たり前のことです。だからこそ、芸術が生まれ、残っていくのですから……。そういったことを十分考えたうえで、筆者はそれでも、宝塚男役の美と、韓流俳優スターの美に、大いにこだわってみたいと思います。

さて、ここまで長々と韓流スターの美にふれてきたのですが、最後にそのなかから十人ほどをピックアップして紹介します。

①キム・ヒョンジュン（SS501）、②パク・ヘジン、③ソンフン、④チャンミン（東方神起）、⑤ナム・ジュヒョク、⑥ソ・ガンジュン、⑦ソン・スンホン、⑧キム・スヒョン、⑨ヒョンビン、⑩チャ・ウヌ（ASTRO）。

苦肉の選択です。二十代、三十代、そして四十代に突入したばかりの、独身（二〇一八年現在）のスターだけ挙げました。十人となると困り果ててしまうし、現在では世界的に大人気のK－POPのグループのなかにも多くの美男子が存在しています。

韓流スター〝イケメン〟百人を選んでいるサイトも、まだまだもれているスターが数多くいるほどです。その数の多さには、韓流スターを取り上げようとしてあらためて驚きを禁じえません。この十人も、思い浮かぶままとりあえず取り上げたスターだとまず記しておきます。

①キム・ヒョンジュンは、筆者が〝韓流ドラマ〟に本当の意味で興味をもち、そして本書のもとになった宝塚男役スターとの共通点を直感した人物です。現在三十代前半。アイドル五人グループSS501のリーダーとしてスタートし、あの『花より男子』でジフ（日本版・花沢類）を演じ、その美しさとクールさであっと言う間に大ブレイク。つまり、筆者もその一人というわけですが。二〇一五年、入隊。一七年二月に除隊。ワールドツアーとして一七年と一八年に来日。日本で何カ所もコンサートを開催。すべてを盛況に終え、演技・歌・ダンスがそろったスターとして、これからの期待が大です。一八年、『時間が止まるその時』で四年ぶりに主役でドラマ復帰。いわゆる典型的な「王子様」と評されます。身長は百八十二センチ。

②パク・ヘジン。多くの人気ドラマで主役と準主役を演じ、この俳優も典型的な王子様のイメージをもちます。一度会ったことがありますが、穏やかで優しげな物腰。それより、あまりの美しさに、絵本の王子様とは、まさにこの人のような人間を表すのではないか、と宝塚男役以外に思った人物でもあります。前述したキム・ヒョンジュンには何回も会っていて、その人となりも何となくわかりますが、この人も〝王子様〟の雰囲気ではあるものの、ヒョンジュンとはまた違った雰囲気をもっています。身長百八十六センチ、三十代半ば。

③ソンフンは〝ラブコメキング〟という名称がつくほど、コメディーセンスをもつ、まことに〝カッコイイ〟美の男性です。一度だけ会ったことがありますが、前述の二人同様、あまりのカッコよさに筆者にはあんぐりという思いでもありました。身長百八十四センチ、三十代半ば。

④チャンミンは、日本でも多くの人に周知されている東方神起の一人です。二〇一一年に演技活動にも突入して『パラダイス牧場』で初主演。一七年には、日本でも地上波で放映された『夜を歩く士（ソンビ）』に主役三人のうちの一人として出演。役者として歌手として、さらなる期待大です。このスターとは一度も会ったことがありませんが、放映されているもののなかでさえ、この人の温かさを感じとれる気がします。グローバルな人気をもつスターと評されもします。身長百八十五センチ、三十代突入。

⑤ナム・ジュヒョクは、中国の有名雑誌で表紙を飾るほど、アジアで人気を誇る若手と評されます。モデルからの転身。日本でも地上波放映された人気ドラマ『麗』で皇子ウク役として人気が倍増。さらには『ハベクの新婦』の主役で人気を不動のものに。これからの期待は突出しています。身長百八十八センチ、二十代半ば。

⑥ソ・ガンジュンは、俳優グループ5urpriseのメンバーの一人。パク・ヘジンと主演した二〇一五年の『チーズ・イン・ザ・トラップ』で、次世代スターとして急浮上しました。身長百八十三センチ、二十代半ば。間違いなく美のトップの一人。

⑦ソン・スンホンは、いわゆる中年に達している俳優の一人ですが、実に若々しくみえる一人

でもあります。『秋の童話』（二〇〇〇年）の主役で大ブレイク。その美しさはいまだに語り継がれていますが、中年といわれる年齢となったいまも、まことに美しい。筆者は最近二度会いましたが、目が離せない容貌に、ただ驚くばかり。身長百八十センチ、四十代前半。

⑧キム・スヒョンは『ドリーム・ハイ』で大ブレイク。その後、時代劇『太陽を抱く月』で頂点を極め、また『プロデューサー』という作品では、SBS演技大賞の大賞で歴代最年少での受賞。現在入隊中。身長百八十センチ、三十代突入。

⑨ヒョンビン。二〇〇五年の『私の名前はキム・サンスン』で爆発的な人気を得、その後も大ヒットドラマの主役を演じる。この人も〝カッコイイ〟美の代表的スターとでもいえるでしょう。身長百八十四センチ、三十代半ば。

⑩チャ・ウヌは、人気K－POPグループASTROの一員。歌手であるとともに、人間とも思われないその「美しさ」で韓国中でも大きく評判となるほど。初めて見たときの驚きは忘れられません。これほど美しい男性を見るのは長い人生で初めて、と断言できます。俳優としては、スタートを切ったところといえるかもしれません。二〇一八年、『わたしのIDは江南美人』の主役。内容よりも、美しさに見とれてしまいます。現実では大学生で、役柄も当然その年齢と容貌にふさわしいものが多い。これからの美しさの〝変化〟が楽しみ。身長百八十三センチ、二十代はじめ。

7 美のスターを抱える韓国

二〇一八年冬のピョンチャンオリンピックでは、いろいろな問題を抱える日韓でしたが、両国の選手の友好的な交流で盛り上がりを見せました。

しかし、この間「韓流ブーム」もいったん下火になってしまったかにみえました。一定数の〝韓流好き〟な人に守られてきましたが、その傾向が二、三年前まで続きました。そこに再び火をつけたのは、やはりネットや動画の世界を中心にした若者たちでした。いわゆるK－POPと称される歌手たちのカッコよさ、かわいさが若い人たちの目にふれる機会が多くなり、単純にそういうところに対して人気が沸き上がったということでしょう。その証拠に、韓国の女性アイドルグループTWICEは、アジア系が中心ですが、そのかわいいしぐさなどから日本でも大人気を博し、ついには二〇一七年の『NHK紅白歌合戦』に出場するまでになったのです。〇五年に「ヨン様」からスタートした韓流ブームのなか、「東方神起」「KARA」、そして「少女時代」という三組もの韓流スターグループが『紅白』に出場して以来のことでした。そういう人気グループのなかから韓流ドラマに俳優として登場し、これまた次々と人気を博していっている人も多いです。歌手がその人気をもって俳優になっているといった図式ではなく、いつまでも俳優としての実力と自覚を備えてもいるのですから強いのです。

前述のように、現代の若者たちは、Ｋ－ＰＯＰを「カッコイイ」「カワイイ」といった基準で好きか嫌いかを評価していて、その人たちが韓国人だろうとなかろうと、それはほとんど関係がないといってもいいでしょう。Ｋ－ＰＯＰに詳しいライターの松谷創一郎さんによると、「韓国文化の人気はなくなったというよりも〝定着した〟とみる」（「朝日新聞」二〇一八年一月十七日付「韓国への目線は」）ということになるようです。歴史問題で日韓の関係が冷たくなってからは、「韓流ブーム」は去った、という見方もされたようではありました。「ヨン様」ブームといった社会現象はなくなったのかもしれませんが、「韓流」というものがもっている「実力」は変わらず人々を引き付けているのです。そしてそれが、またいまの「韓流ドラマ」ブームへと結び付いていっているのでしょう。

実際、前述のようにＫ－ＰＯＰの人気と実力は、若い人たちの間に大きな広がりを見せています。そして、そのなかからどんどん「韓流ドラマ」への出演を果たし、さらにその人気と実力にみがきをかけるスターたちが多数出現しているのです。さらに、Ｋ－ＰＯＰはちょっとという中年前後の女性たちがその「韓流ドラマ」を愛し、さらには出演者のＫ－ＰＯＰのアイドルたちに興味を示していくといった図式が現在できつつあるのではないでしょうか。いずれにしても、「韓流スター」というのは、その実力はもちろんのこと、スタイル、顔立ちの美しさが群を抜いているのは間違いありません。だから、「韓流ブーム」というのはもはや流行的な一次ブームと違って、大きく定着した規模のものになっていますし、これからも変わることはないでしょう。

「朝日新聞」の「文化・文芸欄」(二〇一八年三月六日付)が、韓国七人組ヒップホップグループの防弾少年団(BTS)を取り上げていました。内容的には二〇一七年ごろから周知の事実ではありましたが、そのBTSが日本をはじめとするアジア地域だけでなくアメリカを筆頭に世界的な規模で人気を博して「まるでビートルズのようだ」と評されている、という記事でした。アメリカでの大人気は筆者もずいぶん前から知っていて、ずっと関心を寄せていたグループでした。「いまごろ発信するなんて遅い」と思いながらも、その優れた歌・ダンスなどを考えれば世界的人気は当然のことだと思っています。ただ二〇一八年十一月現在、Tシャツ問題で日本のテレビ番組への出演がとりやめになるなどとなってはいますが……。

このグループだけでなく、K-POPのグループ(ここでは男性を中心に取り上げますが)は、この時期とても多く輩出し、どれもが優劣つけがたいとも考えていました。なかのいくつかのグループのステージを見てみましたし、直接会ってもみました。二十代前後の青年たちは実に礼儀正しく、何よりも清潔感があふれていて、当然ながらまことに美しいのです。

しかし、たぶんこの防弾少年団をはじめとしてK-POPの男性たちで人気を博しているのは、筆者の感覚でいう外見の美しさのためというわけではなく、本当にそのダンスや歌唱の実力から、というのが第一のように思います。それこそ「実力主義」であり、それとともにカッコよさがついてくる、といった人気なのでしょう。

とはいえ、そんなＫ－ＰＯＰのカッコいい青年たちのなかから、俳優としての活躍が多くなる人も出てきています。そして、それらのＫ－ＰＯＰ出身の俳優たちは、総じて筆者が求めている美である宝塚男役の美ととても近しいものを感じるスターたちが多いのです。というよりも、極端にいえばＫ－ＰＯＰのグループのなかには、男役たちのグループではないか、と思わず確かめたくなるほどのグループもあるのです。例えばSEVENTEENという十三人の青年たちのグループは、それこそまことにピッタリ男役たち、それもカッコイイ男役たちの集まりと言っても過言ではないグループです。ASTRO、PENTAGON、Wanna Oneなど、七人から十人ほどの人気男性グループにその傾向がみられます。

韓流ドラマの男性俳優でも、現在は若手俳優のなかにこそ美をもつスターが多いことも顕著です。それで筆者も昔の韓流スターよりも「いま」の人たちのほうが、美に近いと強く認識しだしたのです。そこから、宝塚男役の美との相似点などを感じとることになったわけなのです。

いまでは、Ｋ－ＰＯＰグループのなかからも若手美男俳優が輩出して、韓流ドラマの日本での放映もハンパなものではなくなってきています。韓国本土では、日本のドラマ界とは比べものにならないほどの新作が次から次へと発表されています。そして、その多くが魅力的な企画と出演者に支えられ、視聴率が日本では考えられないほどだそうです。それだけの魅力的な俳優陣が次から次へと出現し、スターがどんどん量産されていっているのが韓流なのです。

一方、日本で始まった「韓流ブーム」の走りは、前述したように、二〇〇三年にＮＨＫのＢＳ

で放映された『冬のソナタ』で人気が沸騰した「ヨン様」の出現からです。これが、いわゆる第一次韓流ブームです。祖母・母・娘の三代にわたるファンが多いという特徴的なところも宝塚ファンと似ています。〇四年にヨン様が初来日した折には空港のトイレに百人以上もの行列ができたことが話題になり、空港始まって以来の記録が打ち立てられたほどでした。以後、パク・ヨンハ、イ・ビョンホンなどのロマンチックな俳優たちが現れ、日本でも大人気になりました。入場者数やDVDの売り上げなども記録的なものになり、韓流は中年前後の女性たちに浸透していきました。

8 その美、余話

時代の流れを映している顕著な現象がいまの韓流スターの存在でしょう。そして、その「韓流スター」は、「韓流ブーム」を経て第二世代へと移行しました。それが「いま」の「韓流」の美です。クォン・サンウ、RAIN、ソ・ジソプ、チョ・インソンなどが人気を博しています。目がすっとシャープで少し冷たいような雰囲気をもつ、と評されるスターの世代です。

二〇一〇年ごろから「ヨン様」の次に日本で大人気を博したのは、チャン・グンソクです。日本語も話せる彼は日本のCMや音楽番組にも出演し、一時代を築きました。テレビドラマ『美男《イケメン》ですね』（二〇〇九年）が日本の地上波で放送され、さらに大人気になりました。一一年には、四万五千人が入る東京ドームの公演チケットが一瞬で完売になったほどでした。

しかし、二〇一三年ごろになると、日本でヘイトスピーチが多くなり、東京・新大久保の韓国系商店の数が一七年には半数ぐらいにまで減ってしまうという時代を迎えます。そしてその後、韓流スターの「第三世代」とも称される、現在活躍している人たちが出現しはじめたここ数年は、明らかに人気は回復してきているように思えます。

そのなかに「中国三大神」と称され、特別入国対象として中国で国賓待遇を受けている三人の「韓流スター」がいます。イ・ミンホ、ソン・ジュンギ、そしてキム・スヒョンの三人です。日本ではそこまでの「韓流ブーム」の盛り返しがなかったころ、この三人は中国で絶大な人気を博していたのです。「ロングな足」と称されるスタイルは神の領域だ、ともいわれたイ・ミンホ、中国だけでなくタイでも人気を博したキム・スヒョンは、中国側が専用機を出すほどでした。この三人だけでなく、現在も「韓流若手スター」は次々と誕生しています。その独特の美が、日本の女性たちの心をつかんで広がっていっている、と考えられます。

この「第三世代」と称されるスターたちが出現する少し前に、偶然出合ったドラマが韓流RAIN

主演の『フルハウス』でした。この作品が「韓流スター」との出会いの実際のスタートともいえます。いわゆる「ラブコメ」と称される作品でもあります。

第一世代のヨン様たちはロマンチスト、第二世代はツンデレと称されます。そして、第三世代としていまの「ミニ韓流ブーム」があります。関心をもってみて、また仕事としても「韓流」に関わり、「韓流スター」と称される売れっ子の青年たちに会ってみて、そのハングリー精神のすごさとそこからの〝努力〟とともに、やはり究極のその美の神髄にふれた気がしています。ピックアップした「いま」を支える「韓流スター」たちのその美は、本人たちに会うことによって再認識させられました。俗にいう「目が点になる」状態とでも表現すればいいでしょうか。完璧な男性の美が目の前に存在している、という表現が適切なのかもしれません。言葉は通じませんが、スターによっては片言の日本語を話せる人もいて、限りない優しさで語りかけてくれます。芸能人だから愛想がよくて当たり前の世界かもしれませんが、それが作ったものではなく、自然の〝さわやかさ〟を感じさせてくれるのですから、大したものだと感嘆するのです。

外見的な美しさや、商売上とはいえその真摯な対応の仕方などだけではなく、芸能人としてまさに大切なのが、その「芸」すなわち実力でしょう。前述したK－POPスター防弾少年団が全世界レベル、特にアメリカを中心にした国々で大変な人気を博しているという事実だけでも、その魅力は想像できるというものです。「第二のビートルズ」と称する声もあるほどです。防弾少年団だけでなく、K－POPの男性グループには、同じような外見と実力をもつグループはほかにも多くいます。

在日韓国人がこう話していました。「日本で韓国のドラマや役者を見ていると、その魅力がわかり、韓国人として誇らしくさえなる」と。単純な感想ではありますが、「さもありなん」とうなずいてしまいます。演技に対するもともっている韓国人としての気質、それが大きく作用しているのではないでしょうか。そのうえに美が備わっている俳優たちが一つひとつのドラマに顔を出しているのですから、その魅力がふくらんでいくのは当然だといえます。そして、そんななかから宝塚の美に近い韓流スターの美をもつ男性たちが、どんどん目についてきたわけです。K－POPのたくさんあるグループのなかにも、宝塚男役かと思うほどの美をもつ男性スターを何人も見つけることができました。それこそ一瞬見ただけでは、どちら?と思ってしまうほどです。実際に会っても、さらにその思いを深くするほどなのです。ステージ用化粧をしているとしても、べつに女装しているわけではないのに……です。

なかでもASTROというグループのチャ・ウヌというスターには驚くしかありません。一瞬で「何?　この人」という表現しかできませんでした。まさに唖然でした。百八十三センチの長身であり、彫刻のようなスマートさです。俗にいう「モデル並み」のひと言に尽きますが、いずれにしてもその美が、まったく欠点がない美なのですから、驚く以外の表現方法を知りません。そのまま男役として宝塚の舞台に立っていても、すぐにはわからないのではないかとも思うほどでした。

若い役者のなかでも、前述のようにパク・ヘジン、ナム・ジュヒョク、イ・スヒョクなど、身長百八十五センチ前後の美の権化のようなスターたちがめじろ押しです。最近、日本の地上波で放映されたドラマの主人公パク・ボゴムも、大変な人気を博して（ちなみに彼も百八十センチ以上のスタイル）いるのですが、彼などでもその美からいうと、特別抜きんでているというほどではないのです。重ねて言いますが、その美は中途半端なものではありません。

マスコミは日本の俳優について「イケメン、イケメン」と騒ぎ立ててはいますが、どうもピンとこないのです。イケメンという言葉が軽く感じられるのです。その決定的な大きな違いは何か、と考えたときに、やはりその「透明感」にあるという思いになります。ここ数年、この美について、特に韓流スターの美について、多くの時間と思いを費やしてきた目にとっては、とても日本では宝塚の男役以外で、美を、それを同等に考えようなどといった気持ちなど湧き上がってはきません。それほど宝塚の美が頂点だ、という思いも強いということですが……。

二〇一八年になると、いろいろな媒体でそんな韓流スターが紹介されていることが多く目につくようになりました。なかには前述したスターも取り上げられていて、やはり日本のマスコミもしっかりと的を絞っているのだ、と納得しましたが、それはそれ、筆者の意図するものがそのまま伝わっているという感じ方はしていません。ただ、グッドタイミングではあるな、という思いだけは大きいのです。

前述したように、いま「韓流スター」「韓流ドラマ」というものの再ブームがやってきている、といわれています。それは、地上波での放映があるたびに起こる現象であり、そのことこそいい証拠といえるでしょう。日本の人も、「韓流ドラマ」「韓流スター」の魅力に再度認識しているのです。美しい男たちが登場し、美しいドラマが展開されているという単純さが受けてもいる、と確信しています。

さらに、当の韓流スターたちは、日本の地上波での自分たちの出演ドラマの放映を願っている、というのが正直なところではないでしょうか。実際、さまざまな韓流ドラマで主役級のスターの口から直接そういう言葉を耳にしたこともあります。それを聞いたときには「当然の思いだろう」という感想をもちましたが、放映が当たり前になってしまうと、日本のドラマ界や俳優たちは少々困ってしまうだろうな、と正直感じもしました。韓流スターばかり目にする機会が増えてしまうと、「韓流ドラマ」全盛期がやってくると思っていますし、ひょっとしてもう目前までやってきているかもしれないのです。それほど「韓流ドラマ」は、日本人の中年前後の女性を中心に、あらゆる年齢層の心をとらえるのに十分な魅力にあふれています。まだまだたくさんのステキなドラマを放映しつづけている「韓国ドラマ」ですから、これからも日本を騒がせ、脅かしていくのだろうと思ってもいます。韓流の美との連動で、宝塚もさらに飛躍をするのでは……、と勝手に予想もしています。

なぜか朝日新聞社系の雑誌などで「韓流ブーム」を主題として具体的な韓流スターの名を挙げ取り上げることが、二〇一八年前後でかなり目につくようになってきました。そのなかで多く論じられているのが、やはりその実力と魅力と、何といってもやはり美についてです。本書のように宝塚と結び付けての美ではありませんが、なかなかの視点だ、と厚かましくも感心しています。また、いま急に再び「韓流ブーム到来」ということではなく、中年の女性を中心にずっとひそかに愛されつづけてきたことによる結果だという考えをまず示していることに大いに感銘を受けました。韓国という国の政治的背景や社会情勢などとは関係なく、それだからこそ十五、六年前の「第一次韓流ブーム」を基礎として、地味に韓流を愛しつづけてきたわけです。そのことを、ちゃんと見つづけていた人も存在しています。つまりは、最近急に「韓流ブーム」がやってきたというわけではなく、「韓流ブーム」が低迷したと評されていた時期でも、ちゃんとそれを支えてきた女性たちがいたおかげもあるのではないかと思いますし、実際そうではないでしょうか。

十六年ほど前にやってきた『冬のソナタ』の「ヨン様」大ブームによる「韓流ブーム」と称されるものが、この間さまざまな時代背景によって、韓国を嫌う「嫌韓ムード」にまで変化を遂げてしまったこともありました。そんな過程を経ても、静かに「韓流ブーム」がその火種を残して生きつづけてきたのだ、といえないでしょうか。そして、「韓流ドラマ」という、韓流スターにしか作り出せない独特の世界を大きく昇華させ、日本では宝塚以外ではありえない多くの美しい俳優たちを作り出していったのです。美の実力と、魅力的なドラマがある「韓流」に、これからも怖いものはないのではないでしょうか。

この「栄華」が、どのくらいの長さで続いていくかはまったくわかりません。またその美が、日本の宝塚と共通のものをもっているとはいっても、日本のなかで生きている宝塚と、歴史的にもまた考え方でもまったく違うといってもいい韓国を同じにとらえることには無理があるでしょう。しかし、国同士のことや政治的なことがあっても、ここまで「韓流」が栄えて続いてこられたということを重要視するべきだ、と考えるのです。

また日本のなかでも、好意的なマスコミとそうではないマスコミに何となく分けられるように感じます。いまから数年前、あるテレビ局は嫌韓の人たちの抗議を受けて韓流ドラマなどの放映をやめると発表したことがありました。実際的に現在もそうなのかどうかは定かではないのですが、その当時には新聞記事にまでなった事例です。それほど、マスコミでの取り扱いにはいろいろあります。

いま、長い間地道に関心をもってきた人たちのおかげで、「ブーム」といわれる時期に入ったと思っています。「韓国」という国が、二〇一八年のピョンチャンオリンピックで世界中の注目を集めた、というよりも、ちょうどそのころ、北朝鮮との間柄というものがいろいろ取りざたされたことも、世界中の人々が目を向けるチャンスになったのかもしれません。

筆者は「韓国ブーム」は、これからも周期的にやってくるだろう、とも考えています。さまざまな国際情勢のなかで人間性の問題は軽視され、未来は暗澹たる予想しかたてられない、そんな国々が多い世界情勢です。そんななかでの近い国「韓国」です。そこで生まれた美を認め、世にもっと広まっていってほしい、と考えています。そのチャンスのなかで、美を考えることができた「いま」に感謝もしています。美に関わっている人たちを、これからも見つめつづけていきたい、と思っています。

韓流ブームの火付け役となった、ヨン様ことペ・ヨンジュンは、現在は結婚して子どもも生まれ、俳優業はほとんどしていません。また、第二の「韓流ブーム」といわれた約十年近く前、第二のヨン様とまでいわれて日本の芸能界でも引っぱりだことなったのがチャン・グンソクでした。とても甘くかわいらしいマスクで、日本のCMや音楽番組にもよく出演していたスターでした。ただ、当人には一度も会ったことがないので、文字での評価は控えようと思います。

そして現在、前述した筆者が選んだ十人あまりの韓国スターは、四十代前後になったスターから、二十代半ばの新進の年代までの人たちです。年代順でいえば、ヨン様がいちばん頂点に立っているこ とはわかるでしょうが、彼に匹敵する四十代前後となっているのがソン・スンホンなどであり、それに続くのがカン・ドンウォンなどです。

このように考えてみると、韓流ブームこそさまざまな歴史があると感慨深くなります。その「美」についてだけ考えてきた筆者であっても、ときどき出てくる国同士の問題をまったく考えないということもありませんし、それはムリというものです。いくら筆者が「これは芸術の問題だから、国同士のことは関係ないのだ」と言い張っても、国と国とのことはどこかに影を落としてきます。最近、それをひしひしと感じました。さらに〝困難さ〟も覚えました。しかし、自分自身が一人のファンだと考えて行動すれば道は開けると思ったわけです。そして自らがそれぞれのスターのファンになって、一人ひとりに少しでも近づいてその人となりを自分なりに考え想像していきたい、と思っての行動が日々続きました。現在、すべての人に会えたわけではないのが残念ではありますが……。

それだけでとても内面まで知ることなどはできませんが、表面的だけでも何となく感じとることはありました。といっても、結局普通のインタビューができるわけではなく、どこまでも「外見」を〝じっくり〟と見て、自分なりの価値観とその雰囲気を受け取ってみるだけのことでした。それだけで、筆者が思う美についてはは十分感じとれるわけで、その意図は達成されたといっていいでしょう。

ちょうど、この原稿を執筆中に、今度はあるドラマが日本のテレビで始まりました。それは十年以上も前に韓国で放映された作品でした。このドラマを韓流スターたちが演じたときの主役級の俳優たちは、いまや押しも押されもしないスターになって韓国で大活躍しているのですが、それが日本版にリメイクされて放映されたのです。このドラマは日本でも有名なスターたちが演じていましたが、そこに韓国のいま売り出し中の若手韓流スターが出演しています。その人はモデル出身で長身、スタイル抜群の、いわゆる筆者が思う美の究極的存在なのです。彼が日本のリニューアルドラマに出演しているということは、何となく複雑であり、さほど歓迎したくないとも感じました。

日本でドラマ化したこの作品がまた韓国ドラマで再放映されましたが、筆者は韓国版のほうに心引かれます。基本的な演技力の問題ということもあるのかもしれませんが、客観的にも韓国版のほうが上でした。「韓国の美」というものをまず第一要因と認めざるをえないです。

このドラマとは別ではありますが、日本の漫画を現実版に脚色しての作品となると、どうひいき目にみても日本側に美は見いだせない、と筆者は評価するのですが、日本版しか認めないという方も多いだろうことは予想できます。

『花より男子』『美男ですね』など両者を見比べることも可能な作品がありますが、どちらも日本のほうが魅力的とは言いがたいでしょう。それは、その基本に美というのが存在しているかどうかがやはり大きいと思います。同じ作品であれば、当然のように出演者やその演技力、演出などを比較してしまうのですから、その点は仕方がないことです。

宝冢の男役の美と、韓流男性スターの美は、同じ〝流れ〟をもつのではと思ったのです。根本的に、人間としての「性」が違うことから始まって、詳細に見ればさまざまな相違があります。それらすべてに目をつぶって、この二者の「性」の相違などというものを乗り越えた美を断固として守っていきたいのです。ここまで執拗にこだわっているのは、その思いから逃れられないのが明白だということと、筆者以外にそのことを論じて書こう、などと考える人間などたぶん存在しないだろう、と自負するからです。

宝塚だけ、韓流だけ、というのであれば、語れる人は多くいるでしょう。つまりそれぞれの専門家といわれる分野での話は、できる人も多くいることでしょう。しかし、この二つの分野を関連づけて論じられる者はそう多くはないと思っています。とにもかくにも、二つの世界に、そして二つの分野に突っ込んでいける人間は、そういないだろう、という自負があるからこそここまで進められたと思っています。

韓国を遠ざけたい人たちは、彼らのことを、「女性スターだけでなく男性たちも整形しているようだ」と噂します。実際そういう人もいるでしょう。といっても、日本の男優や男性スターたちにもその疑惑がまったくないわけではないでしょう。しかし、もしそうであっても、韓国の男性スターというのは、世界的人気を誇るだけあって、その美はやはり特別のものとしか思えません。美を最大限に重要視するその考え方がいいか悪いか、ということをここで論じるつもりはありません。なぜなら、本書の趣旨をはずれてしまうからです。筆者が言いたいのは、その美を追い求める考え方が韓国のほうがより強いのではないか、ということです。さらに言えば、そうだからこそ百年以上の歴史のなかで、特別な美を保ってきた宝塚の男役に匹敵する美を感じとることができたのです。だからこそ、韓流が世界的な、特にアジア諸国ではドラマも含めて韓国スターは大変な人気を誇っているのだと思います。韓国ドラマも放映が中止されている国などでもひそかに見る人がたくさんいる、と耳にしました。日本のドラマなどがそういう人気を博しているということは、あまり聞いたことがありません。

さて、二〇一七年夏のある日、関西圏のテレビ局で、かつての宝塚男役トップスターと韓流新人スター（男性）が二人で韓国を旅する、といったバラエティー番組を放映していました。偶然に目にしたものでありましたが、このタイミングのよさに自分でもビックリしました。こういう組み合わせははっきりとはわかりませんが、初めてのことではないでしょうか。元男役スターと新人韓流男性スターとなると、ここまで述べてきた美を一目瞭然で広くわかってもらえるチャンスだとも感じました。

その元生徒は、宝塚時代はタキシードがピッタリ似合う男役の一人で、退団後はタレントとして受け入れられ、ここ数年はテレビでよく顔を見かけるようになりました。かたや韓流スターは、まだ新人の部類に入る人でしたが、韓流スターらしい「美男子」だったため、この二人は、どちらも筆者が求めるところときわめて近い「外見」でした。韓流スターと宝塚「男役」との組み合わせはいいもので、筆者自身の予想したとおりでした。ただ一つ、その年齢差が親子ほどにみえ、美の一対としての違和感が気になりましたが、とはいえ美という点では簡単に共通項をみることができたのではないでしょうか。とにかくも、端的に筆者の美が映像化されていることを、内心喜ばしいと思った顕著な例でした。

宝塚という世界にいろいろな立場で関わってきた人間にとって、宝塚の美は根幹のことでもあり、そこなくしては語ることなどはできません。美が、宝塚の世界にあるという強い思いは変わっていませんが、偶然に出会った韓流男性スターによって、この美を適用できる幅が大いに広がったことをとても感謝しています。特にどちらかに興味のある方は、もう一方にも目を向けると新たな視野が広がっていくのではないでしょうか。

9 演技の美

ここ最近、なぜか妙に日本のテレビで朝のドラマに主演する俳優のことが気になっています。特に若い俳優たちを、その容姿（身長を特に重視して）にこだわって選びはじめたように思うからです。「イケメン」という言葉のなかにはスタイルも大きな要素であって、その結果として美に近づくのだという当たり前のことに、ひょっとして気づいてきたのかしら……という思いが大きいのです。ですが、少し近づいているとはいっても、筆者がいう美とは一致しません。「イケメン」と評される男性を背が高い順に出演させたと思えたからです。

宝塚の男役も韓流男性スターたちも、確かに背が高くカッコいいというのが基本ではあるのですが、それだけで美をもっているわけではありません。重要な要素である透明感、さらにはスターとしての「実力」を忘れてもらっては困るのです。筆者も、美しい「男役」と美しい韓流スターを、容姿だけで取り上げているのではありません。そこには、基本的な「演技力」などを含めた実力がなければならない、ということは当然です。

ひと昔前の日本の演技者は、下積み時代を経て勉強してから人前に出るということを当然としていたような気がします。もちろんアイドルがドラマに出るということも多々ありましたが、基本的に俳優たちの実力に疑問をもった記憶はほとんどありません。そのため、新人俳優として出てきても、その演技にさほど違和感は覚えませんでした。当時は美を求める確固たる考えはいまほど確立していなかったので、演技力をもってして判断するのは当たり前でした。

同様に宝塚も韓流も、舞台やカメラの前に立つ前には、しっかりと勉強をしてくるということが前提条件としてあります。ですから、実力云々は当たり前のことであり、そのうえでの美への論点、論争のつもりなのです。

周知のように、宝塚スターになるためには大変厳しい試験を経たうえに、宝塚音楽学校に合格することが第一条件です。日本のひと昔前の俳優たちも、劇団などに所属して苦労しながら演技を学ぶ、というのが定番でした。

韓国スター俳優は、大学演劇学科、芸術科、映画科などの卒業者が実に多いのです。俳優を最初のうちは目指さなくても、モデル科や体育科など、その未来を見つめて勉強していた人が数多いということ、多くの韓国スターを知るうちにそういう事実も理解して、演技力のすごさに大いに納得もできました。当初は、即座に涙を流せるその姿に驚くだけでしたし、その国民性と気質が基本にあるのだろうと簡単に考えていましたが、そんなものではなかったのです。そういう才能のうえに、何年もちゃんと基本を学校で学んでいるのです。

韓国の男性は二年間軍隊に入隊しなければならないという兵役法があります。もちろん、芸能人にも適用されるので、大学時代に休学して兵役に就くことも多いのです。除隊後は、大学に戻って勉強を続けます。あるいは、仕事に就いて活躍しながら大学に通ったりといった俳優もいます。そうしながら、自分の専門職のために勉強を続ける俳優というのが、韓国スターの演技の源となっているともいえるでしょう。こういった、勉強につぐ勉強、レッスンにつぐレッスンといった厳しい環境に耐えぬいてこその実力者であることについても、宝塚との共通点を見いだしています。

筆者は、ここ二、三年でほとんどの韓国ドラマを見ました。日本で放映されている韓国ドラマはあらゆるチャンネルを自宅で見れるようにセットして録画し、仕事の合間に必死で見ました。周囲からみれば半分趣味だろうといわれるにしても、それこそ、ほとんどすべてのドラマを網羅して自分のものとしたという自信（おかしな自信ではあっても）をもっています。その結果、演技力に舌を巻いているといった状況でもあります。その思いは、日本の若手俳優のドラマを見るたびに大きくふくらんでいきます。それこそ、韓国スターの演技の美と称して恥ずかしい表現ではないと思ってもいるのです。残念ながらその実力差を客観的にみる目を育てていない日本の芸能界のこれからが非常に不安になるのです。

ある元宝塚トップスターのディナーショーでのひと言が、数年たったいまも大きく心に残っています。

「韓国に行ったとき、ミュージカルを見るチャンスがあった。何げなく見ていたステージだったが、その作品に大いに感動してしまっていた」

彼女も韓国のステージや演技者の実力に舌を巻いた、ということなのです。〝それは、まさに忘れられないステージ〟だった、とも言います。それこそ演者の実力からくるものだということは間違いないでしょう。彼女は、現役時代も退団後も特に歌唱に優れ、ファンを魅了しつくしたスターでした。そのひと言は、一度韓国の芸能に興味をもちはじめた筆者には強く心に響きました。

いまの日本の俳優は、やっと韓流の美にほんの少しだけ近づいてきてはいますが、反対に昔のような基本が身についている人が少なくなってきたという気がするのです。宝塚や韓流スターの美のスターたちをみていると、やはり前提として演技力を含めたさまざまな実力が備わっているため、それらの重要性を再認識するとともに、必然的に心引かれてしまうのです。

ただ一点、単純に願うのは、日本の芸能人、特に若い男性たちには、いろいろな意味での「実力」をつけてほしいということです。

第4章

再び宝塚の美へ

1 初心に立ち返って――重ねて韓流にもふれて

百五年を超えてさらに輝きを増している宝塚歌劇の「いま」も、しっかりと目に焼き付けたいと思います。自分のなかに占めている大きな希望は、宝塚には何においても「夢々しさ」を失ってほしくないということに尽きます。未婚の女性だけの舞台の美、そして世界的にも貴重な存在でもある男役の美を第一に考えて進んでほしいのです。それは、筆者ならずとも何代も続いているファンたちの心からの願いだと思います。だからこそ男役の純粋な美、それが少しでも欠けていくことがないように、とそれだけを願っているのです。

いろいろな意味も込めた「王子様」そのもの、という姿を基本にすえてほしい、とあらためて強く主張したいです。そのことを強く感じるために、筆者は韓流という世界の美にも出合ったのではないだろうかとも考えています。つまりは、宝塚をあらためて考えるために与えられたのが「韓流」という世界だったといま強く感じているところです。

美が、その時代の価値観や見方によって、少しずつ変化していくことは仕方ないでしょう。ウォルト・ディズニーの『白雪姫』（監督：デイヴィッド・ハンド、一九三七年）や『眠れる森の美女』（監督：クライド・ジェロニミ、一九五九年）に登場する王子様が、筆者の少女時代、まだ宝塚の存在を知らない時代に想像していた「王子様」でした。それぞれの「王子様」像は違っていても、いまもやはり女性たちの真の意味の「王子様」像を考えるとき、宝塚の美、韓流の美というものは避けては通れないような気がしてならないのです。

主張する美の中心の宝塚と韓流の世界だけではなく、その周囲に存在する芸能についても、ここまでにいろいろふれたり考えたりしてきました。歌舞伎をはじめ、能・狂言・文楽のように歴史と伝統を示すものについてはもはや批評などというものの範疇をはるかに超えてしまっているでしょう。そこには、それぞれ伝統の美が、とても大きく存在しています。その美は、筆者がいままで述べてきた美とは意味合いが違う伝統美として、歴然と存在しているのです。その伝統美も、それこそ性を超えての美ではあると思いますが、宝塚と韓流男性スターとの美とは、筆者にとっては趣旨が違うのです。

筆者がいままで書きつくしてきた「男役の美」「韓流の美」と「伝統美」とは、その相違は明確です。別の意味での美ではあっても、本書で考えている心引かれる美とは、根本的に違っていると表現したほうがいいかもしれません。そのほかの日本の芸能、例えばミュージカルなどの舞台分野の美を考えたとしても、やはり筆者の美の考えとは違う話となってきます。ましてや、ジャニーズがどこかで宝塚というものを意識しているのだと耳にしても、そのアイドルたちの美は宝塚とは異質のものと感じています。つまりは、やはり宝塚の美と韓流の美にだけ、共通項は存在するのだという結論に達してしまうのです。筆者がいう美の定義がどういうものかというのは、個々の感覚の差もあるでしょうが、この二つの世界にまぎれもなく存在するものだということを考えていただければ、と重ねて言いたいのです。

これまで美として取り上げてきた一方の「韓流」スターは、多くの国々で人気を誇っていることは周知の事実です、同じ原作のドラマから出発した日本のリメイク品であっても、韓国のほうが人気があると感じてしまうことからも、そのことは容易に理解していただけるでしょう。どちらが最初に作られ放映されたかということは、人気にほとんど関係はしていません。実際、筆者が韓流に目覚めた『花より男子』という漫画のドラマ化は、日本のほうがずいぶん先でした。しかし前述したように、その後、たまたま韓国専門テレビで再放送をされていた『花より男子』に偶然ふれてしまった結果、その違いは明快といっていいものと感じてしまったのです。

簡単にいえば、少女漫画としての一冊の本であれば中・高年の女性の心にふれることはあまりなかったでしょう。つまり、漫画という形態のままだったならば、それはその年代にふさわしい人たちだけの世界で終わっていただろうと思います。このあたりの現象は宝塚の『ベルばら』の大ヒットの背景などと共通するものがあります。ただ、日本でそれがテレビ化・ドラマ化された折には、たぶん筆者たちの年代、中高年の世代の人間にはさほどの印象を与えず、反応もそこまで強いものではなかっただろうと思います。若い人たちに人気のグループが主人公を演じ、イケメン俳優と称される人たちが主役を占めていたため、乙女たちの関心を引いたことは想像できます。が、だからといって、いわゆる筆者がターゲットとしている中高年の女性が「ハマった」といったような現象はあまり聞かれず、低年齢層の間でだけ話題になっていたと耳にしています。その後、韓国ドラマでの放送が始まりました。たまたま、本当に偶然一回分のドラマを目にした筆者は、その一回で十分心をもっていかれてしまいました。まったく予想外のことでした。原作の内容を何となく知ってはいましたが、そのとき初めて主役の男性四人組のキャラクターを知ったぐらいだったのですから……。

いちばん驚いたのは、その四人組が育ちも身長も容貌も超一流に見えた、ということでした。日本での出演者は若年の芸能人が配役されていましたが、韓国版はそれこそ原作どおりと言っても過言ではない仕上がりだったのです。そこで、あらためて日本版と韓国版の違いを点検してみると、原作に忠実なのは明らかに韓国版だったということがわかりました。これは多くの人が認めることではないでしょうか。

基本的にまず真っ先に目に飛び込んでくる美というものが、大きく違いました。四人組の裕福な家の坊ちゃまは、長身でみんな美を当然のように持ち合わせているのです。学生の身でそれはないだろうというほどの美であり外見なのです。原作の漫画がそういう設定となっているのですから、そのあたりは当然、表現されていなければならないでしょう。日本版にはそこにまず疑問を感じてしまったのです。

韓国にはそれほどの条件を備える男性たち（俳優・歌手など）が多く存在していることを認識できた「最初の一歩」でした。その作品に運よく（?）出合えた筆者は、彼ら韓国の俳優たちの美について、そのころから大きな関心をもつようになったのです。

この作品から、日本のドラマの韓国リメイク版にたくさん接する機会を得ていくことになりました。ですが、やはり日本では、美という観点からみてもその実力をみても、なんとか〝ひいき目〟にみようとしても、韓国版のほうが原作に近く、少女漫画ファンや原作者の目を引いただろうことは客観的に想像がつくことでした。そして、それこそが日本と韓国の美意識というものの相違から生まれてきたものだろう、とそのときも何となく感じていました。だからこそ、韓国版は日本でもヒットし、「韓流ブーム」が生まれたのでしょう。

繰り返しになりますが、筆者にとって韓流スターの美を考えるきっかけとなったのが『花より男子』の主役四人組の一人として出演したキム・ヒョンジュンの存在でした。筆者自身が日本国内で韓流ブームという言葉に初めて目を向け、本気で研究（?）してみよう、と思ったきっかけを作ってくれたスターです。いわゆるK－POPといわれるジャンルの五人組グループSS501の一人として、日本にもしばらく滞在していたこともあるという人で、オーディションで『花より男子』の四人組坊ちゃんの一人に抜擢されたと聞きます。

モデル出身や、モデル並みのスタイルが多い韓流男性スターのなかでは、飛び抜けているというわけではありませんでした。ただ、主人公四人のなかでもその美しさとイメージにピッタリな雰囲気で、中心人物を演じていたイ・ミンホと遜色がないスター性と人気を誇って、その時点から大変な人気を得ました。その後も少女漫画の主人公的な役柄を演じて乙女たちの心をつかんだといえますが、その人気が非常に高くなった二〇一五年、兵役に就いて乙女たち以上におばさまたちを嘆かせました。少女漫画の主人公そのままというほどの美貌の持ち主であり、二年の兵役を終えた一七年夏には日本列島縦断公演《ツアー》をおこない、成功を収めました。次の来日を待つファンを見つめる彼のまなざしは、まさに少女漫画の美男主人公そのままではないだろうか、と思えるほどの美しさでした。このキム・ヒョンジュンを皮切りに、次から次へと出てくる韓流スターたちにはまことに驚かされて現在まできてしまいました。

筆者たちの世代のようにナッシングの時代を過ごした者が、現代生まれの者、つまりは生まれたときから当たり前のように、指一本で世界中の情報が瞬時に目にできる世代とは、あらゆる面で違ってきていることはまったく仕方がないことです。しかし、あくまでも美というものに対する思いと感覚は、基本的に同じではないでしょうか。その意味で、前述した『花より男子』で大ブレイクを果たし、二年間の兵役を終えて華やかな世界に戻ってきたキム・ヒョンジュンという韓流スターにまず出会えたことに、いまさらですが感謝します。十代以前からずっと宝塚だけを愛しつづけ、夢かなえて編集の世界に入り、それまでは違う世界の人たちだと思い込んでいたタカラジェンヌに次々と会えた（というよりも、毎日同じ空間のなかで仕事をしていた）こと自体、それこそ「夢」だったと表現しても決してオーバーではないのです。それから半世紀近くを経て、考えもしなかった違う美と出合って衝撃を受け、それを受け入れながらも、どこかで「いや違うはずだ」と思い込もうとしていた自分がいました。それを決定的にはねのけたのが、このキム・ヒョンジュンという韓流スターだったのです。

何にしても、このキム・ヒョンジュンをはじめ、前章でも取り上げた十人ほどの出演作の多くは、ラブコメであり、その美を存分に利用したものといえましょう。

とにかく彼らの出演作の中心的な題材といえるのは、ラブコメそして時代物であり、日本でも見ることが可能なものばかりです。それこそ美の人たちであり、その演技力でもまさに美の領域の人たちであります。つまり、その美に恥じないものを見せてくれている人たちなのです。

いまは、自己主張をすると、すぐにたたかれるという時代に突入しているといえないでしょうか。自分と違う意見や反対の気持ちがあると、平気で人を中傷したり陥れたりすることが多々あることも耳にします。それは、ネット時代であるためにさらに強いものになっています。そうなると、臆病で年配の筆者などは、自分の意見や思いなどを書き連ねることに慎重になります。しかし、それでもなお筆者は長い時間見つめてきた宝塚と韓流スターの美について、書きたい衝動を抑えることができないのです。

2

やはり宝塚の美と夢が作り上げる世界

二〇一四年、宝塚は創立百周年という快挙を成し遂げました。そして、数年過ぎたいまも、変わらず隆盛を続け、さらに多くの人たちの心に潤いをもたらしながらこの先も繁栄が続くだろうことを心からうれしく思っています。そんな人間にとって、長い間愛してきた美に近しい存在があることを知ることができたことがさらなる喜びになりました。まったく同じ考え、同類の思い、ということではなくても、少しでも共感していただける部分があれば、これ以上の喜びはないのです。

これから私たちが生きる普通の世界は、さらに大きく変化していくかもしれません。その「きざし」のなかでも美にこだわって進むことができるのか、自らにとっても興味が湧くところです。宝塚の美というテーマでいろいろ考察していますが、二〇一七年から一八年の間に、前述したような少女漫画の舞台が再演され上演されています。現在、2・5次元の世界の舞台化が大ヒットしている同時期に、宝塚でしかできないレベルの漫画原作の作品の上演は、その美の世界を確かめるためにも、またとないチャンスともいえるでしょう。筆者自身、自分が考えていたこと、感じていた美の世界が、はてさてどういったものかということをあらためて確かめることもできると考えています。

そしてまた、筆者がその美の世界について考えるときに切り離せない「韓流」についても、同時にまた、ブームだといわれている「いま」なのです。いろいろ中傷や非難をされて、韓流ドラマは一時期数を減らしたこともありました。わが宝塚も、かつては「女・子どもが見るもの」と切り捨てられていた時代が長かったことを考えても、一つの過程として乗り越えておかなければならないときだったのかもしれない、と考えています。

宝塚と韓流を美というものでくくってしまえることの幸せを考えているのが、この「いま」です。だからこそ、その美をオーバーにとらえてしまっているのだ、といわれるのかもしれません。宝塚の美は、まことに当たり前なことであり、いままで当然すぎるとして、その美を前面に押し出して声高にふれることもありませんでした。そこに、違う美を発見し、その相似性に目を向けるようになりました。少々途惑い、驚きながらも、そのことに大きな幸せを感じながら。

余談になりますが、宝塚大劇場周辺の書店では、宝塚関係の書籍のそばには韓流のコーナーも同じように設けられています。聞いてみると、発売とともによく売れていくようです。韓流に関心をもつ方がどれほど宝塚周辺にも多いか、ということが実感できます。その縁を感じとってその書店のコーナーを見つめることが多くなっている最近です。

3 宝塚の存在意義

一九七四年の熱狂的な『ベルばら』以降、宝塚はさらに人気が高まっています。しかし、根本は百年以上も少女たちを魅了し、長くファンを楽しませ、夢みさせてきた宝塚という世界があってこそ、といえましょう。そしてそれは、前述したように、ほかではまねできないその独特の美が大きな要因となっていることは間違いないでしょう。

先駆者たちが、その才能と努力、そして情熱で作り上げてきた「宝塚」という世界がずっと失わずにその基本にもちつづける美が、何ものも寄せ付けず、そしてそれこそが毅然とした大きな存在となってこの歴史を成り立たせてきたと考えます。インターネットやそのほかの映像媒体がない時代の百年以上昔にも、宝塚は変わらぬ基本的な姿で少女たちの心をつかんでいました。それが『ベルばら』という少女漫画の世界初の舞台化への成功へと導いた礎であり、それ以後の栄光へと続く大きな要因ともなりました。

といって、宝塚の世界は少女漫画的なもの、とだけただ簡単に結び付けるのではなく、宝塚の先人スターたちが作り上げて培ってきた美の世界が現在の少女漫画の世界につながり、何代にもわたって少女たちの心をつかんで放さないということでしょう。宝塚にしか作りえない独特の舞台の雰囲気というものが、長い歴史を支え、これからも続いていくと確信しています。また、世界で唯一の女性ばかりの劇団だからこその歴史をファンが大事に思い、愛していくことが「これから」の道を指し示しているのです。単純に少女漫画の世界に結び付けられただけなのではなく、それこそ「必然」なのです。オーバーに宝塚が背負っている「運命」と表現してもいいかもしれません。

つまりは、どこにもなしえなかったことで大成功を収めた宝塚は、百年以上の歴史を輝かせ、これからもその独自の世界観を守りながら活躍していくだろうと思うわけです。それは筆者の予想ではなく、確実な将来ともいえることでしょう。先例を見れば、時代とともに価値観がどんなに変化しても、何百年もの歴史のなかで栄華を続けている歌舞伎という大きな世界が現に存在しているのです。その人気は衰えることを知りません。歌舞伎はいまではもはや「国宝」とさえいわれているのです。それを考えると世界に一つしかない宝塚も、そろそろ同じ評価や表現をされてもいいのではないかとも思います。「女ばかりの劇団で」とか「女・子どもが見るもの」などと一段低くみられていた時代も堂々と乗り越えてきた宝塚です。そのうえで現在では、世界で一つしかない「女性ばかりの劇団」に進化してきたわけです。

とはいえ、百周年の歴史を築いていても、さらにはこれからも繁栄するだろうことが認知されていても、歌舞伎と双璧という評価を得ているかは疑問でもあります。国宝とまでその位置を高めている歌舞伎の世界は男性ばかりであり、宝塚は逆に女性ばかりというところが、ひょっとして大きなネックにでもなっているのだろうかとも思います。しかし、歌舞伎も江戸時代の阿国歌舞伎といわれる女性たちばかりで踊る仕組みからスタートしたといわれていますので、「はじめは女だった」というか、生み出したのは女性だったことは記憶にとどめておくべきでしょう。

宝塚が女性だけでスタートした当初、民主化という言葉もない戦前の時代だったにもかかわらず、以後、百年以上も愛され大切にされてきたのは、どれほどの魅力が内在していたかの証明にもなるでしょう。そんな思いから、国の宝、宝の塚と位置されても決しておかしなことではない、と強調したいのです。この情報過多、映像過密状態の時代に、その人気は衰えを知らないわけなのですから。オールドファンと称される人たちにとって、宝塚は百年たっても二百年たっても、創立当時と変わらないと認識していますし、実際に時代の推移とともにすべてのものが変化・変質を遂げてきている「いま」にあっても、その形態・基本などはほとんど変わらないのです。創立者の小林一三氏の熱い思いを大事にし、ずっと胸に抱えて生きてきたからこそ、いまの宝塚も存在するのです。

日本の歴史のなかにあって、宝塚はさまざまな危機に遭遇して苦しく耐えがたい時代も過ごしてきましたが、その試練に耐え、当事者の乙女たちも支える周囲の人間も、そのつどそのつど人や物に守られながら現在まで繁栄してきたといえるでしょう。そんな底力がズシリとあると知っていますので、これからどんな時代がやってこようとも、「もう大丈夫」といった思いさえ抱いています。

宝塚が生まれてからここまで基本を貫いてきたのは、時代背景に左右されることなく、確固としてもちつづけた「モノ」があるからです。それこそ間違いなく「美」と「夢」でしょう。だからこそ、一時的にせよ「冬の時代」を必死に耐え抜いたあとに、あの『ベルばら』で大きく大きく羽ばたくことができたのだろうと思います。それこそ宝塚でしか成功しえなかった作品が、宝塚の存在意義の象徴ともなっているのです。それは、それまで見向きもしなかった「大人」と称する人たちをも振り向かせることになった出来事だと思います。従来のような親から子へそして孫へとつながるファン形態は残しながらも、新しいファンたちも次々と生まれています。

宝塚の夢の空間への道標として、その存在自体を大切にしていくことも、また未来への課題なのかもしれません。ただ、社会に迎合せずに堂々とわが道を進んでいくことも、歴史の長い流れの根底には必要であり、忘れずにいてほしいのです。

これからの世界は、現在から未来へ向けて、さらによく使われる言葉「もっとグローバル」な世界になっていくことは容易に想像がつきます。宝塚は、激動の大正・昭和の時代をしっかりと生き抜いてきたし、いまもその存在価値は大きなものとして変わらぬ評価を得ています。こんな地球規模の情報化時代でも、その人気は衰えるということを知らないといっていいでしょう。そこには、前述したように、基本的なスタンスがブレずにあるからですし、これからもそこは微動だにすることはないという確たるものがあります。そのうえで、どこまで新しいファンをどんどん増やしていけるか、それが単純ではありながらも難しい課題となっていくかもしれません。

宝塚だからこそ、この情報化社会のなかで、また多くの興味がある楽しいものが氾濫する時代になっても、多くの人に愛されて人気を守っていられるといえるでしょう。そして、さまざまな分野の楽しいことに目移りしてしまいそうな「いま」にもかかわらず、わざわざ劇場まで足を運ぶ人たちが増えこそすれ、減ることはないのです。それは、関係者、舞台に立つ人間のたゆまぬ努力のたまものなのです。何でもかんでもボタン一つで目の前で座ったままさまざまなものを見ることが可能な現代で、わざわざ足を運ばせるという行為は、まさに「すごい」のひと言に尽きます。それこそ、宝塚に特出した美があり、基本的な実力が存在し、長い歴史があるからだ、と思っています。

現代の人間は、映像にふれながら、そのなかで生きてきた世代でもあるので、そんな人たちがその情報を得たから、宝塚に足を運ぶということも多くなっているはずです。足を運んでもらいさえすれば、宝塚の世界観は、興味をもった人たちを間違いなく一瞬でファンに変えてしまう「力」をもっているのです。足を運ぶキッカケになる大きな一つの要因が、インターネットです。宝塚だけではなく、さまざまな分野のものがインターネットを通じて、人々に情報を与えています。そんな時代にいて、二百年、三百年と続く歌舞伎のように日本の本当の「宝」と呼ばれるようになるために、このネットの世界を利用しない手はないのです。それによって、さらには「なま」の舞台こそいちばんだということを知ってもらう必要があります。本当にその対象を好きな人だけが、または興味のある人だけが足を運ぶという時代ではなくなってきている、と解釈すべきでしょう。

さて、何度も取り上げますが、歌舞伎は創始から三百年以上の歴史をもつ、世界でも類をみない芸術の一つです。そして、現代ではさらに隆盛の色を濃くしていて、若いファンも多くなってきています。ひと昔前は宝塚と反対で、歌舞伎は年寄り中心の高尚なもの、といった見解が多かったですし、筆者が専門に歌舞伎を勉強していた学生時代にも、まだその雰囲気が大きかったのです。そのため、若い人が足を踏み入れにくい空間だったように思います。それが、インターネットなどで身近に歌舞伎に接することができるようになったり映像に若手の人気役者たちが登場するようになってから、また大きく変化してきました。

以後、歌舞伎は若い人の間に浸透していくことになりました。筆者が学生時代には同じように学習のために観劇にくる若い人たちはチラホラ見かけても、どうみても中年以降の方々ばかりが目についていました。歌舞伎は古典芸能だけに、それが当たり前のような気がしてはいましたが、いまではそれが変化をみせはじめています。例えば、ゲーム『戦国ＢＡＳＡＲＡ』（CAPCOM）などで武将に興味をもつ女性たちが増え、そんな武将のグッズや舞台なども出現するなど、昔では考えられない経路での人気の出方をしています。それは「２・５次元」の世界の影響もあるでしょう。そしてそれが、歌舞伎の世界への入りやすさや近づきやすさを作っているのかもしれません。

しかし、歌舞伎が、日本の至宝といわれるほど世界に価値の高い存在としてこの現代まで残ってこれたのは、やはりそれは、ひとえに歌舞伎関係者たち、そして歌舞伎を愛する人たちの支えあってこそでしょう。その基本方針を変えることなく、ひたすらさまざまな苦難の時代をも耐えぬき、その根本精神を崩さずに努力を重ねてきたことが、人々の支持となって長い歴史を築き上げてきたのでしょう。これからもそうやって生き残っていくのだろうと考えます。まことに頼もしいかぎりです。

その一方、宝塚は、女性ばかりという性別の立場から、時代背景が悪く作用したといった時間を経てきていますが、それでもそのなかから再び息を吹き返して現在の繁栄を築きあげてきたのでした。何にしても戦争前までの日本は「男尊女卑」が考え方を残していた（現在もときどき感じられることですが）のですから、歌舞伎とは別の意味で、そのすごさを思います。その歴史の半分近くをそばで見てきた筆者にとっても、身をもってその価値の大きさを感じるのです。

これまでの百年の道のりは、時代背景も考えれば、想像以上に大変だったことでしょう。そんな「か弱い」集団が、たくさんの愛情あふれるファンたちと関係者に囲まれ、愛されて百年以上も続いてきた歴史こそ「誇り」です。そういった意味で、歌舞伎の三百年あまりの歴史には及びませんが、あえて「左右の王者」と表現してもいいのではないでしょうか。それほど長い「歩み」とともに、名優といわれるスターたち（役者たち）を輩出した歌舞伎と、日本の芸能界史上に燦然と輝くトップスターたちを送り出した宝塚は、まさにともに日本の「至宝」といえるでしょう。

さらに、男性ばかりの、しかも社会的には普通の男性のように家庭をもちながら、その芸の世界で生きてこられた歌舞伎とあくまでも独身でなければならない宝塚では、その生きてきた道程の大きさが根本から違ってもいます。普通の家庭生活が背景にある場合と、まったく反対の生き方を堂々と変えずに過ごしてきた宝塚、そのことだけは宝塚に対して身びいきというのではなく、大きく拍手を送りたいと思うことの一つなのです。

女性ばかりということが魅力の中心になっている宝塚は、前述したように必ず独身でなければならないわけです。家庭をもつ、すなわち結婚をするということは、そのまま退団する、という約束事になっています。その違いには、真に大きな意味があります。極論かもしれませんが、この大きな不文律を早くから取り除いていたら、ここまでの繁栄はなかったのではないかと思います。

宝塚の百年以上の歴史のなかで、一時期「男性加入」の準備がなされていたときがあったというのは有名な話でもあり、史実として世に出ていることです。しかし、当時の責任者の英断やファンの反対もあって、それは立ち消えになったということですが、もしそれが実現していれば、いまの宝塚の姿は存在していなかったと思います。女性ばかりだからこそ実現できた、これこそが特殊な「世界観」であり、歴史を作っているのだといえます。乙女たちのハートをつかんで放さないというのは、それが非常に大きな要因になっているのでしょう。とはいえ、宝塚を模して作られた劇団が結局相次いで消失したり縮小してしまったことをみると、女性ばかりだから夢があるという理屈は当てはまらないともいえます。宝塚だけが、百有余年の現在をしても隆盛をきわめているのは、基盤となって培われてきた歴史と実力とそして美が、乙女たちに夢を与えて、彼女たちの心を引き付けて離さないのだろうと思います。

少女漫画の、しかも夢がある作品の舞台化成功は、宝塚の魅力の一つを証明したともいえます。特に「夢」的な題材、そして『ベルばら』のように美しい男装の麗人が登場するような作品での宝塚の力の「発揮度」は、一九七四年の大成功によって大いに証明されました。ほかの劇団や舞台では（当時、宝塚人気にあやかってヒット中の歌手やタレントの寄せ集めで昔の梅田コマ劇場などで上演を試みたようでしたが、失敗だったと耳にしています）この成功はありえないことでした。この『ベルばら』は、宝塚の存在意義の再確認を促しました。さまざまにその上演意義を認識させたのです。

漫画の世界を舞台という現実の世界で展開するということは、『ベルばら』以前には考えられないことでした。実際『ベルばら』を当時の大ヒットに仕立てて日本国中の乙女たちの心を奪った立役者たちにも、いまの宝塚は想像さえしていなかったことかもしれません。手塚治虫氏の『リボンの騎士』（一九五三―五八年、講談社）だったり、二〇一七年から一八年にかけて宝塚が上演した『はいからさんが通る』や『ポーの一族』も、宝塚でしか表現できない少女漫画だといえます。このように『ベルばら』以外のさまざまな分野の漫画が次々と舞台化され、人々の関心を呼んでいるということも、基本的に『ベルばら』の大成功があったからこそです。繰り返しますが、『ベルばら』の原作者・池田理代子さんは、宝塚歌劇の『ベルばら』上演によって、それまで低い地位としてみられていた少女漫画の地位が大きく向上した、とテレビ番組でも話していましたが、それほど、宝塚の『ベルばら』というのは少女漫画に与えた影響が大きいのです。また、少女漫画以外への影響は想像以上だとも考えています。

そして、この『ベルばら』の成功が、以後の宝塚の舞台作品にも大きく力を発揮している、と筆者は確信しています。原作者が、『ベルばら』への宝塚の貢献度の大きさを認めて発言していることを最大限の「力」に、漫画を原作とする作品が一つのジャンルとして成り立ち、舞台の世界を作り上げている「いま」につながってきたのです。

4 再び宝塚の美に立ち返って

そんななか、ファンの方などの声を聞いていると、宝塚トップたちの在籍期間が昔に比べて短すぎるということが、いまはいちばんの問題らしいということを知りました。実際、短ければ二年ほどで退団していく姿には、残念な気持ちが大きいのです。

当然、うら若い女性たちばかりの集団なのですから、結婚イコール退団という原則を守ったという側面もあるでしょう。しかし、すぐにほかの舞台で復帰を果たしている姿を見ると、宝塚にとって大きな損失なのではないか、と憂えてしまったりもするのです。そのスターについているファンの胸中も、かなり複雑ではないでしょうか。筆者にも古くはそういうお気に入りのスターがいたので、その気持ちはよく理解できます。トップスター当事者にしてみれば、劇団の雰囲気やそれぞれの事情など、さまざまなものが要因となっての決断なのでしょう。一人ひとりに事情があってのこととわかってはいても、大変切なくもったいない、と常々思っているのです。しかし、これはスターの個人的理由でもあり、劇団の問題でもあるとも思いますので、強くは主張できませんが。

さて、宝塚百周年前後には、長い間顔も合わせていなかった元スターたち、トップたちに多く会うことができました。その縁でいまでもいろいろな舞台に立っている元スターたちから声をかけてもらうことも多くなりました。そのたびに、その方々が一時代を築かれた在団当時のこと、また当時の出演作品のことが思い出され、そして思い出だけにとどまらず、涙が付録となって出てくることもあります。

元トップスターやOBたちの宝塚の後輩を思う気持ちが、「現役の舞台もタカラジェンヌたちも応援してあげてね」という言葉になって発せられるくらい、宝塚の生徒だった誇りと愛情は、大変な力を秘めているのだと思います。とはいえ、タカラジェンヌとしての誇りと実力をもってしても、女性ばかりということでの「退団」は避けられない現実だったのでしょうが、短かったかもしれないそれぞれの〝華〟の時代を悔いなく美しく生きてきたタカラジェンヌたちにとって、その生きた証しはとても重いものだと感じます。

特に現在、いろいろ話をしたりする元タカラジェンヌたちは、年齢的にも筆者よりも少し上の方が多いです。彼女たちが年配となられても、女性としてそれぞれが自分の道で活躍し、しっかりと生きているということが筆者にも伝わってきて、そのことも大きな喜びになっています。小林一三氏が願っていた一つに「女性の輝き」という意味も込められていた気がします。まだまだ男尊女卑の思想が充満していた時代に「宝塚歌劇」を作り出した小林一三氏に、あらためて賛辞の言葉を贈りたいと思います。また、その小林一三氏の精神を受け継いで、百年を超える歴史を築き上げた後進の人たちのすごさを、さらに強く感じている近頃です。

本を出版するたびに、というよりも年数がたっていくたびに、登場するスターたちの年齢が重ねられていくのは当然のこと。「昔のスターの話が多すぎる」と指摘されることもありますが、それは筆者が宝塚とともに生きてこれたこの年月は、私の人生のすべてと表現してもいいほどの宝物になっています。そのため、「昔のスター」たちに比重がかかってしまうことはお許し願いたいです。年齢を重ねてきたトップスターの思い出話やその言葉には強く心引かれ、残るひと言が多くあることも間違いはないのです。

本書の美は、多くは外見的美としての比較からスタートした、という思いが大きいのです。そして、宝塚での美の主体の一つは、現在の男役スターに備わってはいます。しかし、いつの時代のタカラジェンヌであろうとも、基本の美は変わってはいない、と思っています。外見上の男役が進化したとしても、その美は、現在と変わりなく存在していたのは間違いないからです。

前述のように、一九七四年、あの『ベルばら』でオスカル役を演じ、宝塚史上空前のヒットの主役ともなった榛名由梨さんの次のような発言があります。「大変多くのお客さん相手に、大きな舞台で見せるわけだから、できるだけ小さくならないように、少しでも大きく、それこそ空間をちゃんととったうえで近づいたように見せないといけない。ただ、お腹など筋肉がコントラクションの感じでよじれてしまい、ひどく筋肉が痛くて――」（タカラヅカ・スカイ・ステージのインタビュー）。舞台へ向かう際の精神的な苦労だけでなく、肉体への〝苦労〟についても大いに語ってくれました。

現在の男役スターは、外見の美を生まれたときからもっています。そのぶん、美への探究や執念が、榛名由梨さん時代に比べて少ない気がするのです。それは、ひと昔前までの男役スターなら、大なり小なり同じ意見をもっていることでしょう。

榛名由梨さんは、続く一九七五年、同じ『ベルばら』の「アンドレとオスカル編」で、オスカルとは真反対ともいえるアンドレという男役を演じます。前半にあれだけの大人気となったオスカルを演じきったのですから、期待も非常に大きかったと思います。しかしそのプレッシャーもはねのけ、これもまた大変な人気を博しました。そして汀夏子さん、鳳蘭さん、安奈淳さんとともに、宝塚四天王として全国津々浦々の少女だけでなく、女性たちの黄色い声を浴びました。

その余波はつづき、一九七七年、宝塚で初めて舞台化された『風と共に去りぬ』の初代バトラー役でもさらに人気は衰えることはないどころか、もう一つの男役の美を見せてくれました。この役では、史上初の男役によるひげ面のバトラーという大きな功績も挙げたのです。メーキャップをしても「違和感なく見れて、新しいどういう男性像となるか、との思いで一日中ヒゲをつけていたこともあるよ」とも語っています（これは、タカラヅカ・スカイ・ステージ二〇一八年六月放送の『男役の美学』のなかの「華麗なる卒業生たち」でも同じようなことを話しています）。宝塚の男役の美を進化させ、さまざまな男性像を演じつづけたのです。一九八八年、宝塚を退団するまで日本物から洋物までのさまざまな男役を演じ、その美を現在百五年になる宝塚の男役の美に引き継いでいく大きな役割を果たしたスター、なのです。

そんな偉大なスターたちが積み重ねていった美が、現在の燕尾服姿のあの美しさにつながってきているように思えます。それは、外見であり、芸術性であり、この世のものではない美となって、その総合性で宝塚の美を成立させていると確信できます。最近、あまり接しなくなっていても、ほとんど変わらない信念になっています。それは、「世界にここにしかない〝魅力〟があり、大変楽しいし面白い、いろいろな男性を演じられる幸せも感じる」という、男役スターたちの共通の思いにもつながってきて、そして、またそこから男役の、宝塚の美が誕生していくのでしょう。

現在の現役スターたちとはほとんど面識がない筆者ですが、少し前まではときどきインタビューに劇団を訪れることも少なくはありませんでした。現在は在籍していたころとは大劇場も事務所もお稽古場も、そしてその周囲のすべての風景がまったく変わってしまっています。ですが、その時代時代の輝くトップスターたちが、在籍時代の昔ともどこといって変わるところもなく、やはりタカラジェンヌとしての血脈を受け継いでくれていることが、とてもうれしく感じられました。気持ちよくハキハキしていて、礼儀正しく、そして何よりもやはり「美しかった」です。

二〇一八年十一月三十日にNHKが放送した『トップスターが語るタカラヅカ』という番組で、花組の明日海りお、月組の珠城りょう、雪組の望海風斗、星組の紅ゆずる、そして宙組の真風涼帆の現在の五人のトップスターが語っていたトップスター像が興味深かったのです。

「すべての責任をとること」「作品・組を背負う」「より多くの人に宝塚を知ってもらう」など、彼女たちトップの言葉は、百年以上の歴史のなかで活躍してきた歴代トップスターたちと同じ思いをもっているということがうれしく、大変感慨深くもありました。

現在のトップの人たちのひと言ひと言が、長い歴史のなかで発せられた言葉とほとんど変わらず、ファンを安心させてくれることに喜びも感じられました。現在のトップの人たちのひと言ひと言が、長い歴史のなかで発せられた言葉とほとんど変わらず、ファンを安心させてくれることに喜びも感じられました。

何度も言いますが、宝塚という世界は、「夢の国」です。激動の時代背景をもつ大正に創設され、歴史的に悲惨だった第二次世界大戦終了まで、暗い世相のなかにあってもイキイキと駆け抜けてこられたこと自体が、宝塚の「夢」が生まれていった過程でもあったのです。昔の宝塚が生きてきた時代はあくまでも男性中心の世界だったわけで、女性たちは、その男性によって運命を左右されるという「時の流れ」があったわけです。

そんな〝時〟のなかで、少女たちの「夢」が、宝塚という世界で凝縮されて、宝塚イコール夢の世界という図式が生まれてきたのではないでしょうか。無垢な美しい少女たちが織り成す世界には、自然に美があふれています。それが基盤となって生まれたのが、そしてその歴史を作ってきたのが宝塚という世界だといえます。

「夢の世界」「おとぎの国」という表現をすると、どうしても「女・子ども」の世界とみられがちです。そして、そのことは『ベルばら』で大成功を収め、世界にその名前と実力を知らしめるまでは公然と評され、言われつづけていた言葉でもありました。はっきりと「宝塚は女・子どもが見るもの」と表現する媒体などが多く存在していたのです。それがあの『ベルばら』の大成功によって、格段とその評価が上がり、社会の目も変わりました。『ベルばら』の原作者の池田理代子氏は、前述したように「少女漫画の地位を大きく上げてくれた」という言葉で宝塚への感謝を述べていましたが、反対に宝塚も『ベルばら』によって大いに助けられた感があります。両者にとって非常に価値があるマッチングであり、それぞれの道筋の分岐点として輝くものとなった作品でもあるといえましょう。

宝塚を観劇した人たちの「しばしの間だけ現実の世界を忘れられた」という感想が、特に心をとらえられた女性たちから発せられることは、大きな財産でしょう。現実とは違う世界を感じることができ、その「夢」が人々の心をとらえて離さないという事実をみるだけでも唯一無二の存在だということがうなずけます。それこそ、宝塚が時代の変遷に負けることなく、その時代その時代の人々を〝とりこ〟にしてきたという証拠でもあるのです。百年以上変わらぬその本質を愛し、新たに見つけてくれる人たちがあとに続くかぎり、その基盤を変わらずに保ち守っていけば、長い歴史を歩みつづけることが可能です。

特に宝塚の舞台、その世界の美というのは、あの大劇場の空間に座らなければ百パーセント味わったとはいえないものです。トップスターたちが、彼女たちの口からも語られていたようにもっともっと社会に知られて一般的になり、多くの人たちを呼び寄せてくれることを厚かましくも願っています。特にいまの宝塚を、そして男役という貴重で美しい存在を、ますます多くの人たちに知ってほしいのです。宝塚は、その美でまったくこの世に存在する何ものにも負けない存在なのですから……。

ここまでに詳しくふれた韓流の美も、これからどんどん期待値が高くなっています。宝塚と韓流、どちらも興味ある人が増え、ファン層がさらに広がることを期待しています。しかし、こうしたことは、ほんの数年前までは想像だにしていなかったことであり、妄想といわれればそれまでですが、長く宝塚を愛しつづけただろう人々が向く方向が同じかもしれないということは大きな発見でした。美のかぎりをつくして出現した「男役」というものと、現実の世界のなかでのことを表現している韓流スターの美が、まったく同質のものだということはありえないのです。なのに……だから、自分でも不思議で仕方がないので、関心を大いに寄せているわけです。

重ねて主張しますが、しかし、宝塚の美も、少しずつ変化を遂げているかもしれないのです。筆者が幼いころに心引かれたのは、やはり男役の王子様的な雰囲気であり、当然のように織り成される「夢の世界」の具象化だったはずです。ただ、ひょっとしてそれは、いまよりは少し現実的だったといえるかもしれません。最近の宝塚の舞台を見て、かえってそういう感想をもつようになってきました。昔の宝塚はエンターテインメントとして実力が高すぎたので、ある意味「すごさ」のほうが前面に押し出されていたのかもしれません。

しかし、いまの宝塚の第一印象は、「外見の美」にまず目がいくような気がします。ここ一世代くらいの間に背がグンと伸びて、現役の生徒、特に男役はモデル並みのスタイルがそろうようになってきました。タカラジェンヌの選抜の段階で容姿、特にスタイルに大きな比重をかけている成果といえるのではないでしょうか。いずれにしても、それによっていっそう外見が王子様らしくなり、宝塚五組のトップ男役スターのシルエットはさらに最高のカッコよさとなってきました。

創立百年目のある日、テレビの芸能特別番組で、宝塚の大階段を使って短時間のショーを披露して放映していたことがありました。男役は定番の燕尾服、娘役は白のドレス、そして大階段を使って……という構成になっていた覚えがあります。俳優、歌手、芸人などいろいろな芸能人を観客に見立てたほんの数分間のそのショーは、ファンたちとしては、大劇場ではあんなものではないと思える小規模なものだったと思いますが、ほんの一瞬の時間のなかに宝塚というものを凝縮して見せてくれました。そのときも、男役の燕尾服は、やはり最高に美しく、カッコよく、純白の娘役とのコントラストが、一般の芸能人の心さえも奪っていたように思えました。それこそあのスタイル、あのムードは、どんな世界の人たちをも魅了するのだ、と実感した瞬間でした。そして、観客の芸能人たちも男女問わずまったく違う世界がそこにある、自分たちの空間とは隔たっているな、という思いを抱いているらしい様子が、彼らの表情に正直に表れていました。あの空間、あの瞬間こそがストレートに宝塚の世界を伝え、感じさせてくれるものだといまでも思っています。

筆者の若い時代は、さまざまな技術が発達して、それがあらゆるところで活用されている現代社会とは違ってアナログの時代でしたので、テレビという映像の世界では、宝塚の世界は十分表現できないのだと思っていました。しかし、現代のそのすばらしい技術によれば、数分ほどの時間の映像のなかで、本当の宝塚を理解することができるわけです。ということは、現代の「夢」を背負ったカッコいい男役たちも、簡単に目にすることができるということなのです。「すごい」のひと言でしょう。

そして、またちょうどこの原稿を書いている瞬間に、テレビで、宝塚の生徒たちと日本の普通の歌手、そして有名な韓国歌手（俳優でもある）などが出演している歌番組が放映されています。いつもだとほとんど見たこともない番組ですが、運よく目にとまりました。思わず「カッコイー！」と叫んでしまったのは、宝塚の男役トップと数人の男役たちの見慣れているはずの踊り歌う姿でした。もはや、その場の美が宝塚に集中した瞬間でした。できれば、韓流スター（名前をいってしまうと東方神起の二人組なのですが）と宝塚の男役だけにしてくれればと願ったほどです。

ほんの数分間のショー、しかも人数的にも十人前後の宝塚生徒だけで、あの美しさを画面に映し出せた宝塚の、その実力にもあらためて感慨深いものを感じました。あの美しさは、百年あまり守りつづけた宝塚の歴史からしか生まれないものなのです。もし許されるならば、東方神起の二人と宝塚スターとで同じ曲を歌い踊ってほしかった、と切実に思いました。一瞬にして画面で美の共通項を証明できただろうに……と思うからです。宝塚男役たちの美に対抗できるのは、その場ではまさに韓流スターの代表ともいえる東方神起の二人だったはずです。踊る立ち姿の美、歌で人を魅了する美——すべてにわたって両者の美はつながっているものがある、と短い時間にもかかわらず実感できました。

前述したとおり、宝塚の夢々しい脚本と韓国ドラマの話は、似たような雰囲気をもつものが多いのです。もちろん、韓国ドラマの話すべてが似通っているわけではありません。復讐劇や愛憎劇などの現実的な話は宝塚にそぐわないからです。

しかし、夢々しい韓国ドラマだと、途端に宝塚との共通項が感じられるのです。それは話が宝塚でも公演できそうなものだから、というだけではなく、それだけ宝塚と類似した夢々しさをその韓国ドラマでも表現できているからではないか、と考えています。

筆者自身も、韓国ドラマを見ているうちに、両者の美の共通項が作用したからだろう、と納得していきました。例えば、韓流ドラマとして日本でもヒットした最近の『麗』『チーズ・イン・ザ・トラップ』『じれったいロマンス』『花より男子』『星から来たあなた』『雲が描いた月明り』など、書きだしたらキリがないほど数多く宝塚向きの作品を取り上げることが可能です。どの作品も、いまの五組のトップ誰が主役をとなってもピッタリはまる、というのも特徴の一つだと考えています。二〇一八年年末現在、花・月・雪・星・宙のトップは、ファンには当たり前の知識でしょうが、明日海りお、珠城りょう、望海風斗、紅ゆずる、そして真風涼帆の五人となっていて、専科にベテラン二枚目男役・轟悠が君臨しています。トップ男役をはじめ宝塚への知識が以前よりも落ちている筆者が、最近立て続けに彼女たちトップ男役を見る機会を得ました。全体的に変わらないそのステージの雰囲気に懐かしさを十分感じながら、やはり思っていたとおりの最近のトップ男役の美にあらためて直面し、うれしさも納得もあふれてきたのです。噂どおり、そのカッコよさ（長身、足長、小さな顔を含め）は、筆者の時代よりも一段上になっていることはわかります。ここまで美を極めているとは！という思いも強かったのです。各組の二番手・三番手の男役も、さすが次のトップ候補なだけあって、その美は文句のつけようがありません。

ここまで書き進めてきましたが、現在の宝塚では、韓国美男子スターよりも限りなく美しくカッコイイ男性たちが出現するのではないか、とさえ思えるほどでした。舞台とドラマの世界では表現の仕方が違うので、その美の感じ方も違ってはくると思いますが、舞台を見たその瞬間、そう感じました

しかし、数年前、宝塚の当時のトップ男役たちに「?」と感じたこともありました。あまりの美への重視が、それまで当然付随していたタカラジェンヌとしての「実力」を隠してしまっているように感じたからです。もしかしたら、その見た目に甘えているのではないか、とさえ感じた

こともあります。厳しい言い方をすると、昔の宝塚と違って傲慢さを感じるようになったのです。あの純粋な宝塚を愛していた時代ではなくなった、と悲しく思ったこともありました。実際、彼女たちの大先輩のタカラジェンヌたちから、「そんなステキなカッコイイスタイルに生まれたことに感謝して、もっともっと勉強して精進しなさい」ということをいった経験がある、と聞いたことがあります。「やっぱりプロがみると、そうなんだ」と納得のひと言でもありました。やっとここ最近、そのすばらしいスタイルとカッコよさに頼るだけでなく、本来のタカラジェンヌがもつステキさ、タカラジェンヌにしか作り出せないスターの実力を身につけて舞台で生きている、といった生徒たちが多く出現しているような気がしているのです。

日本の歌手たちのなかで、若い女性が男性っぽい雰囲気やスタイルをして宝塚を意識していたかどうかは不明ですが、活動しているグループがいて、目にしたこともあります。思うに、たぶん彼女たちは、外見だけで宝塚の男役を想像し、あくまでもその外見で「カッコよく」みせていると錯覚しているようにもみえました。踊っている姿、歌っている姿、申し訳ありませんが、男装の麗人というには大変稚拙です。外見だけを必死でまねようとしていることがアリアリとわかるからなのかもしれません。

「男役十年」という言葉が宝塚にはあります。つまり、それだけその美は奥深いということです。宝塚の男役になるためには、男装すればいい、というわけではありません。韓国の男性俳優の美と比較しているのも、それは真の意味の美と実力が両方に存在していると考えたからなのです。

最近、中・高生ぐらいの若い女性が、韓流のK－POP、それも女性グループに大きな関心を寄せているというニュースを目にしました。韓国女性の、というよりも女性芸能人の「美意識」というものが、若い女性たちの心をつかんでいるそうなのです。若い年代の女性たちに、韓流のカッコイイ男性グループが人気というならよくわかりますが、女性グループに、ということなのです。それは、韓国の美意識の高さに若い女性が引かれているということを表しているのではないでしょうか。韓流の男性スターにもそれは当てはまることですが、とにかく外見の美へのこだわりは韓国では非常に強く、それが日本にも影響しているのです。

ここまで筆者が書いてきたことは、どちらかというと日本の中年以上の女性を考えてのことでした。宝塚の美を支え、宝塚の百年の歴史の歩みのうえでの彼女たちの役割というものは思った以上に大きいからです。もちろん、宝塚と知り合ったのは、幼いころだったり少女時代だったり、ということも当然あるでしょう。筆者も、そのなかの一人です。たぶん、現在宝塚の客席に座っている少女たちの多くも、家族、多くは母であり祖母の影響で、その美に魅せられたということが多いのではないでしょうか。

前述のように宝塚の生徒は未婚でなければならないし、各個人が時期を見計らって宝塚を去っていきます。そのことも、宝塚が百年以上も続いてきて、これからも続いていく大きな特徴だ、とあらためて感じます。となると、在団中トップスターとして名を挙げていたスターも、退団して普通の芸能界に入ってしまったり結婚をしたりということになると、やはりそれは宝塚の美とはまた違ったものになると思うのです。宝塚の美とは異質なものとなってしまうからなのです。ひと昔前は現役のトップスターがテレビで歌ったり、外部出演としてほかの舞台に立つことは多かったのですが、それによってその美が損なわれると思ったことはありませんでした。

実際、宝塚を退団後もテレビ、舞台で活躍しているスター（特にトップスターだった人）という人は、いまでもたくさんいます。しかし、退団して女優という名のもとに、芸能界という世界に入っている最近の元スターたちをみると、明らかに異質のものを感じとってしまいます。宝塚の美とは少しずつ離れていっているからではないでしょうか。「美しさ」自体は、本来の女性の姿に戻ってそのまま増していってるのでしょうが、やはり慣れ親しんでいたあの宝塚の美とは、質が変化しているように思います。人によっては、いい意味での変革ととらえるのかもしれませんし、それもタカラジェンヌとしての一つの姿なので、当然の受け止め方だといえるかもしれません。ただ、タカラジェンヌの男役としての美は、現役で在団中にだけ発揮されるという筆者の感じ方も間違ってはいないでしょう。まさに、その美はタカラジェンヌだけに与えられた独特の美であることは、疑いようがありません。

しかし、生徒の気質や容姿などに、少しの変化が見られたとしても、「夢の国」という基盤がしっかりしているので、退団後もそのまま受け入れられて続いてきたといえるでしょう。それ以前を生きてきた人たちが、この世界の流れについていけなくなったぶん、若者たちが適応していくのではないでしょうか。いまのところ、幸いにもタカラジェンヌとしての質の変化はあったにしても、また、それはそれとして見過ごしても、まだまだ宝塚の美は変わらず健在だということが間違いなく証明されています。それが消えてなくなっているようであれば、その美を韓流男性スターと比べてみようなどという発想も出てこなかったことでしょう。とにかく、百五年もの歴史を女性だけで成り立たせ、多くの日本の女優をも輩出してきた宝塚です。少しばかり時代の流れという要因によって変質している部分があることは仕方がないとして、大部分ではその美は損なわれてはいないと結論づけたいのです。

二〇一八年一月公演の『ポーの一族』では、宝塚にしか実現できない少女漫画の世界を、また大きく開拓し、世のなかにその存在意義を知らしめました。さらに、もう一つ美の世界を立証したわけです。美を、これからも指針の一つとして、宝塚の誇りとともにさらなる道を歩んでいってほしいと願います。

百五年前の『ドンブラコ』（一九一四年初演）から始まった宝塚の作品は、いまもすべて「宝物」です。宝塚の美が損なわれていくのを直視できなかったからです。しかし、そんな時代もしっかり乗り越え、一九七四年初演の『ベルばら』の大人気によって、宝塚の長い歴史が大いに安定度を増していきました。いまでも男尊女卑の考えはなくなっていないといっても、昔よりは女性にとっていい方向に向かいながら宝塚は繁栄の道をたどってきている、といえましょう。

この百数年はもちろん平坦でも安楽でもありませんでしたが、最近は未来へのしっかりとしたビジョンが立てやすくなって安定した道が続いていくと確信していいようになりました。百数年の流れは速くはあっても、時間の重みと濃さは例えようがないものです。その先人タカラジェンヌたちが歩いた道のりの困難さに思いを馳せながら、これからの道程をしっかりと歩いていけるだろうタカラジェンヌの美を、いまさらですが頼もしくさえ感じています。

数年前、少し〝努力〟を欠いてしまっているのでは、とも評され、その〝実力〟が低迷していたということを本書でもふれました。そのころから、宝塚の舞台に足を運ばなくなりました。少しばかり横道にそれて歩きそうになったとしても、いつかしっかりとした路に戻っている姿を見ることができて、胸をなでおろしています。

これまで宝塚は数々の日本のスターを生み、送り出しつづけ、いまでは芸能史上に燦然と輝くとも称されています。いま、芸能界の舞台やテレビなどでの宝塚出身のスターたちの活躍を目にしない日はないというほどです。地道に、しかし「夢々」しく活躍し、多くの時代ごとのファンたちの胸を焦がしてきた結果だといえましょう。さらにその歩みが、創立六十周年を超えて『ベルばら』という作品によって勢いが増して現在にいたっています。『ベルばら』からも、もう少し日数を重ねると半世紀近い時を送ってきたことになるのですから、あらためて考えてみるとすごい集団です。当然、「夢の世界」「夢の舞台」という形容詞は頑固に守ったままで、というのは最重要なことです。その〝冠〟がつかなくなってしまえば、もはや美をも失ってしまったのと同然なのですから。

特に、宝塚男役二枚目スターとなると、その美が失われてしまうと、その大部分の魅力が消えてしまうでしょうから、どうあってもなくしてもらっては困るのです。美しい男役スターが存在してこその宝塚の存在意義なのです。その一生のなかで、限られた年齢のうちに目標を成し遂げないといけない、という、焦りが生じるのは無理もないことです。次に順番が控えているスター候補生も同じで、きら星のように生まれ、大きく光ることを待っているわけです。順位的に頂上に立つ人間も、そんな下級生を見て焦ってくるのは当たり前であり、仕方がないことなのかもしれません。その美の惜しさは限りないものがあります。その美の命が短すぎるからこそ輝くものかもしれません。

かつてトップとして名を残し、退団して普通の芸能界で舞台中心の世界に立ったスターたちにインタビューをしたことがあります。彼女たちは言います。「トップに就任したときから、辞めることやその時期を考えていましたよ。それはトップになった人に共通の思い、というか決意みたいなものと思っていましたね」。これこそが「タカラジェンヌが、トップに立ったときの心得」なのだ、と感じました。筆者自身、編集部で取材をしていたときにも、相手が現役の間はそういうことは直接聞いたことがなかったので、それは退団者になってこその発言ということなのではないでしょうか。当事者でなければわからない感慨なのでしょう。

トップに就任したその「とき」から、タカラジェンヌではなくなる日を自らが決める、ということはとても切ないことでもあります。それはたぶん、現在のトップたちにも共通している「覚悟」なのでしょう。それが次々に連鎖反応を起こして、トップ在位期間の短さに響いてきてしまっているのかもしれません。それは仕方がない現象なのかもしれませんが、しかし同時に何とかならないものかとも思ってしまいます。

だからこそ、トップに就任して以降は、どれだけの「輝き」を放てるか、常に懸命に考え、行動しているのが「いまのスターたち」といえます。見た目の美のすごさにプラスしてタカラジェンヌの「実力」を備えることに、時間に追われながらも懸命に力を注いでいるという姿が垣間見えるのです。外見の美だけでなく、これからはその緊迫した時間への挑戦からくる〝実力〟が相まって、もっと充実した新しい美が生まれていくことでしょう。トップスターとしての立ち位置にもう少しどっしりとすわっていられるような環境づくりもしていってほしい、とも願うのです。「宝塚のトップスター」というよりも宝塚の「トップ○○である」ということが社会にもっと浸透できるようになれば、とも考えます。

いずれにしても、女性だけの集団で「夢があふれる」美を長い間保ってきているのですから、自信を大きく前面に出しそのまま進むだけです。いままで歩んできた道を信じ、愛してまっすぐに歩んでいってほしいものです。

5 当時の歌劇団編集部について、再び

前述していますので大きく重複するかもしれませんが、二〇一八年初頭から、テレビ朝日系で『越路吹雪物語』というドラマの放映がありました。誰もが知っている大歌手・越路吹雪さんの物語であり、また越路さんを語るときに忘れてはならない作詞家の岩谷時子さんの物語でもありました。岩谷さんは宝塚歌劇団編集部の出身です。筆者の大先輩にあたり、亡くなられる前まで書簡のうえではありましたが、いろいろ相談をしてもらった大切な思い出の方でもあります。さまざまな仕事をしながら数々の名曲を遺して、越路さんだけではなく多くの芸能人とも温かな交友があったという、偉大な方でした。その偉大さをまったくこちらに感じさせない〝きさく〟で優しい方という思い出がいまでも大きく胸に去来します。その意味で、『越路吹雪物語』は、宝塚の美にふさわしいものを題材にしてくれたとうれしく思っています。

そのほかにも、編集部で一緒に仕事ができた期間はないのですが、それ以外のことで知り合いになった先輩や、つい最近まで宝塚に多くの月日を捧げてこられた先輩など、いまでも大いに尊敬している方々を慕うことができるいまを、心から誇りにし最高の財産と思っています。そういう方々の女性としての生きざまも、宝塚の舞台を踏むスターたちと同じく、宝塚の美に相当し匹

敵する誇りだと確信しているのです。そのことも、宝塚の美だと自信満々で言おうと思います。

編集部で働いていた同僚たちも、大きく一つのもので結ばれていたと現在でもそう信じています。そこで共通していたのは、宝塚への〝愛〟であり、大切にしていたのは、間違いなく宝塚の美だった、と思っています。タカラジェンヌという立場ではなくとも、その思いは変わらないものだったにちがいないのです。

岩谷さんをはじめ、多くのステキな先輩たちが在籍していた場所で短い間でしたがともに仕事ができ、宝塚の美を守るための仕事ができた幸せにあらためて気づいたのも、テレビドラマのおかげかもしれません。そして、その放送によって、あの偉大な歌手越路吹雪さんのために一生を捧げた大作詞家の岩谷時子さんという人が宝塚編集部の出身だということを知らしめていただけたことを、とてもうれしく思っています。

百年以上保たれてきた美が宝塚から消えてしまうようなことでもあれば、それは宝塚だけではなく、美というものがこの世から消えてしまうに等しいことだ、といえるのではないでしょうか。その意味でも、宝塚に美がなくなるということはない、と断言したいのです。あの悲惨な戦争のあとでさえ、その輝きは変わることなくファンの人たちの心を癒してくれたのですから、その歴史的意義も信頼も大きいものです。宝塚を見守っている人たちの多くが、美だ夢だと言葉に出さなくても当然のものとして、また宝塚の使命のようなものとして認識されつづけることでしょう。

そして、最後の最後に、宝塚の美を考えるために神様が「韓流」の存在を与えてくださったという思いがあり、そのことにも、またその出合いにも大いに感謝しています。

二〇一八年は、筆者が短い間ではありましたが仕事した「歌劇」誌の創刊百周年という年でした。夢のようだったあの編集部の日々、憧れだったスターたちとの出会いと仕事、そして大先輩の岩谷時子さんとの出会いなど、考えられないほどの幸せな日々でもありました。この日々がなかったら、いまの筆者は存在していなかったでしょう。入社できたことの奇跡と幸せをいまごろかみしめています。大学時代から「絶対、編集部に入りたい」という思いを強く抱いてはいても、どうやったら入れるのか、とか、どうすべきか、などということはまったくわかりませんでした。ただ単に小さいころから宝塚の大ファンだったこと、学生の折にはものを書くことが大好きだったことだけが頼りでした。

そして、大学時代、古典芸能、特に歌舞伎を中心として演劇を勉強し、ゼミをとって卒論もそのテーマを選びました。さらには、クラシックバレエや日本舞踊も何年か習い、声楽の先生にもついて勉強しました。そんなことをしたからといって何かの確約があるわけではなかったのですが、とにかく舞台を見て評する力を身につけようと自分なりに頑張ってもみたわけです。

それらが功を奏したかどうかはわかりませんが、夢だった編集部に入社することができたときの喜びというのは、筆者の人生のなかで一、二を争うほど、と表現してもオーバーではありません。入社の日も鮮明に覚えています。十人弱の女性ばかりの先輩（編集長は男性）たちも待ってくれていて優しく歓迎してもらいました。緊張の筆者と同期の女性も心をなごませました。いろいろ指導を受けながらすぐになじんでいき、楽しい日々を走っていましたが、親に切望され、定年まで働きたいと思っていた夢が砕けての退社となりました。

この年になると、なぜあんなに早く辞めてしまったのか、と後悔ばかりが湧き上がってきます。いまだにそう思っているぐらい、編集部での仕事は大変楽しかったということでしょう。

そのような仕事を短いながらもできたことを、周囲の人間は「何よりの幸せではないか」と言ってくれます。筆者も本当にそう思ってもいるのです。タカラジェンヌたちともいまだに付き合っている方もいます。これ以上の幸せはありません。仕事の思い出が、何よりも楽しかった、とハッキリ断言できる〝いま〟も一つの大きな喜びだ、としみじみ考えています。

入社するときには、一生そこに籍を置きたいと思っていたのでしたが、親の考えやいろいろな思いで途中放棄となってしまったことが、年を重ねるごとに悔やまれてならないのです。最終的には自らが決断したことではあっても、予想外の結末だったことだけが、心残りとなっています。もう一度、あのころに戻れるならば、どんなことをしても、イスにしがみついてでもその席を離れなかっただろうに……と思ってしまいます。そんな私的な思いが、この本の原動力ともなっているのです。

［番外編］

陰の助力者

みなさん はじめまして
この本の著者の 娘です
この本を書くにあたり 韓流のコンサートや舞台を 見まくるため
まかせた
すうっ
母はPCが全くダメ
PC
それらのチケット手配など 全て私がやっており ました。(舞台にも同行)
韓流の舞台などは 多いときには 月5・6回あったことも
(その他にも舞台がある)
当時の 私の手帳が こんな感じに
この間をぬって 私の仕事が入る
みっちり
なんとなく感じる 理不尽さ
………
そして私のプライベートな 予定のなさに こみあげる寂しさを 感じている 今日この頃です

参考文献

●今道友信『美について』（講談社現代新書）、講談社、一九七三年
●小沢章友編訳『読まずに死ねない世界の名詩50編』（じっぴコンパクト新書）、実業之日本社、二〇一七年
●「歌劇」二〇一八年二月号―十一月号、宝塚クリエイティブアーツ
●『韓流ドラマメモリアルＢＯＯＫ』辰巳出版、二〇一七―一八年
●『韓国スター完全名鑑二〇一九』（COSMIC MOOK）、コスミック出版、二〇一八年
●「週刊朝日」二〇一八年一月十九日号、朝日新聞出版
●「週刊女性」二〇一七年年末年始特大合併号、二〇一八年七月十七日号、主婦と生活社
●「韓国への視線は」「朝日新聞」二〇一八年一月十七日付
●小野田衛『韓流エンタメ日本侵攻戦略』（扶桑社新書）、扶桑社、二〇一一年
●「ＳＡＰＩＯ」二〇一八年三月四日号、小学館
●『韓国芸能界 仰天！スキャンダル』（英和ムック）、英和出版社、二〇一八年

あとがき

およそ十年前に大病を宣告されました。それからは自分の人生の幕引きのことだけ考えています。フィナーレのつもりのこの十冊目です。「はじめに」にも書きましたが、四十年間で十冊の単行本を出版しても、宝塚の輝かしき「昔本」としての位置しかない、といわれればそうなのでしょう。特に本書は「美」が趣旨なので、具体的に宝塚の舞台に多くふれている、という内容にはなっていません。さらには、筆者が過ごした宝塚編集部時代に重きを置いているのも事実です。過去にこだわらず、もっと売れる本にできれば……という反省もあります。しかし、二〇一四年の宝塚百周年の折、自分のやり方も一つの宝塚ファンとしての姿なのだ、と思えるようになりました。

それは、タカラジェンヌOBたちのさまざまな舞台での活躍を見たからです。宝塚の出身者たちが、いろいろな催しに立ち、楽しく懐かしい舞台を見せてくれるのに多く接したことで、昔のことに、そして昔のスターたちに思いを馳せる人たちが大勢いるということが認識でき、自らの本の題材もそれほどおかしいことではないのだ、と慰められたからです。そのことが自分の思いを支える根拠にもなりました。

百五年を過ぎてからの宝塚はどう進むのか、筆者と同じ年齢のオールドファンが、そのままの気持ちを保ってくれていることが最善だと考えます。そのうえで、若く新しいファン層を広く厚くしていくことが、いま考えられる最高の支持者たちの獲得方法なのだといえましょう。そんな若いファンたちを誕生させるために、最高のトップスターたちを育成してきているのが、いまの宝塚といえるのかもしれないのです。

宝塚のように、ファンが親から子、そして孫へと何代にもわたっているような分野というのは筆者には思い浮かびません。それぞれ、祖母から母、娘へという独特ともいえるその「伝統」は、宝塚の誇りでもあり、百五年以降も受け継いでいかれるものでもあるでしょう。そんな人たちの「結び付き」が、これからもずっと続いていくことを、いろいろなことはさておき何よりも願っています。こうして、長い間支えてきた長年のファン、つまりはオールドファンを、変わることなく大事に大切にしていくということも、これからの宝塚の大きな課題のように思います。夢の世界は、宝塚ファンあってこそという言い方もできるのですから……。

舞台に立つスターを内部で取材し、執筆する立場ということで、その立ち位置というものはまったく違ってはいるのですが、基本的に「女性であること」は間違いのないところでした。短い在団期間ではありましたが、仕事上で不快な思いをしたことは皆無でした。かえって、立場が違うということがお互いの距離感を保てるという、いい結果を与えていたのかもしれません。そして、幸いなことに、それから数年、数十年を経てから、何人かと再会することができました。かつての大トップスターだった人たちや将来を嘱望されていた男役スターだった人、のちに芸能界にその活躍の場を移した人、かわいらしい娘役として活躍していた人……など、当時を思い出してもジーンとする思い出をもてたスターたちでした。ある程度の年齢を経たいま、「終活」というひと言が大変身近に感じられるようになってしまった筆者にとって、そんな「いま」だからこそ、「昔」の時代にタイムスリップできる余裕ができたことを、心からうれしく思っています。

そして、前述してきたように、思いもかけず「韓流」という新しい美に遭遇し、宝塚の美を再認識でき、そこからいろいろ研究できるチャンスを与えられたことが、いまではありがたいと思っています。まだ少し残っている「生」の時間を費やす課題が与えられたような気さえしているのです。いろいろな方々、そのファンには大変失礼な言い方だと承知のうえで、いままで宝塚以外の日本の芸能界のなかではまったく見いだせなかった美が韓流には存在していたということにふれたいという思いが生まれました。そのことを発見できたことこそ、長い間宝塚の美のなかでしか生きてこなかった筆者にとって、大きな意義があることだと思っています。個人的な感想だけだ、というご批判もあると思いますが、とにかく、この機会に多くのページをさいて勝手気ままに書き並べてきたことが無駄になってしまわないように、との思いがいまは大きいのです。この二つの世界の美の多くの共通点を、そしてその美の大きな存在感を知っていただきたい、という思いが大きく大きくふくらんでいます。

多くのスターたちが存在する「韓流」と、宝塚の「男役」に接点、共通点を見いだせないほうが不自然かと思います。その想いの集大成がこの一冊なのです。

さて、宝塚時代の先輩、ＯＢたち、多くの出版関係者、何よりも本書の出版にご協力くださった青弓社の矢野恵二氏をはじめ編集部の方たち、そして私の娘である雅子までのたくさんの人たちに支えられた十冊目。三十年あまりの間、いろいろな面で支えてくださったみなさん全員に、同じ言葉「ありがとう」のひと言を贈らせていただきます。

そして、手に取ってくださる方、買って読んでくださる方、そんな方々に心から感謝しながら、また、これまでご意見をくださったすべての方々に、この三十年あまりの間に十冊という単行本を出版していただき、ご協力くださった方たちに、ただただ心からのお礼と感謝を申し上げます。

夢の国、美しい人々、何とも形容しがたい男役たちの格好よさ、それらすべてに魅せられての半世紀あまりを誇りに思いながら――。

♫さよなら　さよなら
また会う　その日まで♫

昔から、宝塚の舞台の公演終了後に客席の人々に向けて優しく流れていたこの名曲こそ、この十冊目の締めくくりにはまさにピッタリしたものでしょう。
頭のなかで、そのメロディーを聞きながら……「さよなら」……。

そして

夢みたものは　ひとつの愛
願ったものは　ひとつの幸福
それらすべてここに　ある

●『立原道造詩集』〔現代詩文庫〕、思潮社、一九八二年
の著名な詩も添えて。

下瀬直子 しもせ なおこ
宝塚歌劇団編集部で月刊「歌劇」の編集を担当後、新聞・雑誌の演劇フリーライターに
著書に『宝塚百年の恋――韓流にふれて』『宝塚ベルばらの時代――想い出玉手箱40年』(ともに彩流社)、『宝塚ワンダーランド』(青弓社)、『宝塚永遠のトップスター』(立風書房)など

宝塚《たからづか》の美《び》

そこから生まれる韓流の美

発行　2019年1月23日　第1刷
定価　1600円＋税
著者　下瀬直子
発行者　矢野恵二
発行所　株式会社青弓社
〒101-0061 東京都千代田区神田三崎町3-3-4
電話 03-3265-8548(代)
http://www.seikyusha.co.jp
印刷所　三松堂
製本所　三松堂

ISBN978-4-7872-7418-2　C0074